Michaela Sambanis

Englisch in der Grundschule – leicht gemacht

Mit Liedersammlung

Unterrichtsvorschläge und Kopiervorlagen für den Fremdsprachenfrühbeginn ab Klasse 1

Im vorliegenden Werk werden folgende Abkürzungen verwendet:

SuS = Schülerinnen und Schüler
S. = Schülerin/Schüler
L. = Lehrerin/Lehrer

Impressum Englisch

- Autorin:
  Dr. Michaela Sambanis (Pädagogische Hochschule Karlsruhe)

- Mitarbeit und Beratung:
  Prof. Dr. Hugo Blank, Nina Best, Kerstin Pickert, Jörg Springmann, Andrea Stransky

- Zeichnungen:
  Kirsten Hofmann, Britta Lutz, Silvia Schermann, Andrea Stransky, Michaela Sambanis

- Notensatz:
  Hugo Blank

- Die Stundenentwürfe basieren auf Unterrichtssimulationen, die in den Seminaren der Autorin veranstaltet wurden. Zahlreiche Studierende der PH Karlsruhe haben so Anregungen zu den Stundenbildern gegeben, u. a. N. Bachor, C. Bellm, R. Bosch, L. Frey, S. Heil, J. Janke, A.-K. Kleiser, J. Lackner, D. Lang, S. Laubheimer, M. Macha, I. Mayer, M.-T. Mews, S. Meyer, J. Neis, C. Peter, J. Rügert, C. Schmidt, A. Schneider, H. Schneider, A. Stransky, E. Vincon, A. Weigele, B. Weiß, A. Wende, S. Wendel, A. Zinsmaier

Gedruckt auf umweltbewusst gefertigtem, chlorfrei gebleichtem
und alterungsbeständigem Papier.

1. Auflage. 2003
Nach der Neuregelung der deutschen Rechtschreibung
© by Auer Verlag GmbH, Donauwörth
Alle Rechte vorbehalten
Gesamtherstellung: Ludwig Auer GmbH, Donauwörth
ISBN 3-403-03894-7

Inhalt

Einleitung 4

Spiele und spielerische Übungsformen 7

Stundenverläufe

1. In der Schule
Sich vorstellen: *My name is …*	Klasse 1/2	9
Die Farben: *Colours*	Klasse 1/2	11
Die Zahlen: *Numbers 1–10*	Klasse 1/2	14
Wiederholung der Zahlen und Farben: *Pencil case*	Klasse 1/2	21

2. Mein Körper
Mein Körper: *My body*	Klasse 1/2	25
Kranksein: *I am ill/It hurts!*	Klasse 1/2	28
Bedürfnisse äußern	Klasse 1/2	31

3. Familie und Freunde
Meine Familie: *My family*	Klasse 1/2	34
Meine Freunde: *My friends*	Klasse 1/2	37

4. Meine Spielsachen
Meine Spielsachen: *My toys*	Klasse 1/2	40
I like/I do not like	Klasse 1/2	45

5. Tiere
Auf dem Bauernhof: *Farm animals*	Klasse 1/2	49

6. Das Jahr
Den Weihnachtsbaum schmücken: *Decorating the christmas tree*	Klasse 1/2	53

7. Essen und Trinken
Hörverstehen und Kennenlernen von Nahrungsmitteln: *The very hungry caterpillar*	Klasse 3	56

8. Jahr und Kalender
Die Monate: *The months*	Klasse 3	60
Sport und Jahreszeiten: *Sports and fun/The seasons*	Klasse 3	65

9. Unterwegs
Landeskunde: *On the road*	Klasse 4	70
Unterwegs in Großbritannien: *Discovering Britain*	Klasse 4	76

10. Feste feiern
Halloween	Klasse 4	80
Thanksgiving	Klasse 4 oder 5	85
Saint Patrick's Day	Klasse 4 oder 5	90

Anhang: Liedersammlung 95

Einleitung

Aufbau des Werkes

Das vorliegende Buch bietet konkrete Vorschläge zur Planung des Unterrichts in Form von Verlaufsplänen, die entweder wie vorgegeben umgesetzt werden können oder als Fundgrube dienen, aus der sich einzelne Anregungen für die Unterrichtsgestaltung entnehmen lassen. Neben den in den Verlaufsplänen empfohlenen Liedern, Reimen und Spielen schließt sich eine umfangreiche Liedersammlung an das Werk an, die jederzeit ergänzend eingesetzt werden kann.

Die einzelnen Stundenentwürfe wurden von Lehrerinnen und Lehrern sowie von Studierenden der Pädagogischen Hochschule Karlsruhe entwickelt und erprobt, um Lehrerinnen und Lehrern nicht nur hilfreiche Unterrichtsideen an die Hand zu geben, sondern auch die Suche nach geeigneten Kopiervorlagen und Arbeitsblättern zu erleichtern. Diese sind im Fremdsprachenfrühbeginn von großer Bedeutung und können zudem auch für stille Arbeitsphasen oder zur Differenzierung genutzt werden.

Für die Klassen 3 und 4 enthalten die Unterrichtsvorschläge oftmals Wortkarten, die ebenso wie die Bildkarten vergrößert oder auf Folie kopiert werden können.

Die vorliegenden Materialien können auch als Ergänzung zu einem Lehrwerk eingesetzt werden.

Konzeption

Die zugrunde liegende Konzeption dieser Materialien basiert auf den didaktischen Erkenntnissen bezüglich des Lernens im Grundschulalter, auf der besonderen Methodik des Unterrichts in der Primarstufe und auf Erkenntnissen der Spracherwerbsforschung, die von der Ähnlichkeit der Prozesse beim Erst- und Zweitspracherwerb ausgehen.

Hören oder möglichst bald sprechen?

Zunächst brauchen die Kinder im Prozess des Sprachenlernens eine Phase intensiven Hörens, um sich mit dem Lautsystem vertraut zu machen. Aber auch später kommt dem genauen Hören und dem Hörverstehen eine Schlüsselrolle zu: bei jedem neuen Wort, jedem grammatischen Prototyp und jedem Reim müssen die Schüler reichlich Gelegenheit haben, sich mit Lautgestalt, Bedeutungsgehalt und Leistung einer sprachlichen Einheit vertraut zu machen. Dies kann nur durch mehrmaliges Hören und ständiges Verknüpfen mit der jeweiligen Bedeutung geschehen. In dieser Phase sollten den Kindern eindeutige Inhalte angeboten werden, die auch die Isolierung von Lernschwierigkeiten beachten.

Nachdem sich ein Kind eine *innere Repräsentation* von einer sprachlichen Erscheinung aufbauen konnte, wird es Hypothesen zum möglichen Gebrauch dieser Einheit (Wort, Redewendung, etc.) bilden. Auch hierzu benötigt es geeigneten *Input*. Ebenso sollten die Kinder die Möglichkeit haben, die neue Einheit selbst zu erproben, Inhalte auszusprechen und schließlich in einem überschaubaren Kontext anzuwenden.

Die Lehrerin/der Lehrer sollte die Kinder nicht zum Sprechen zwingen – besonders nicht alleine vor der gesamten Klasse, extravertierten Kindern sollten aber freiwillige Spontanwiederholungen oder -äußerungen keinesfalls verboten werden, denn manche Kinder lernen gerade auf diesem Wege oder versichern sich einfach gerne rück. Stets sollten nach einer intensiven Hörphase verschiedene Möglichkeiten angeboten werden, sich am Sprechen zu beteiligen: scheue Kinder dürfen leise sprechen und brauchen nicht einzeln zu repetieren, mutigere dürfen sich alleine äußern oder sie suchen sich einen Partner zum gegenseitigen Austausch. Es gibt im Fremdsprachenunterricht viele Abstufungen zwischen Sprechen und Schweigen!

Bei der Aufforderung zum Nachsprechen bietet es sich an, immer mit der gesamten Klasse zu beginnen, denn hier kann der Einzelne im Schutze der Masse mehr wagen! Erst danach sollte die Teilung in Kleingruppen erfolgen.

Ein Fehler wäre es, Neues lediglich ein einziges Mal repetieren zu lassen. Vielmehr ist es erforderlich, den Kindern genügend Zeit einzuräumen, Gehörtes mehrfach hintereinander und immer wieder zu sprechen (evtl. beginnen Kinder, die Sprechsilben mitzuklopfen). Beendet werden könnte diese Phase des Experimentierens durch ein vereinbartes Zeichen.

Total Physical Response (TPR)

Um den Kindern Gelegenheit zur Aufnahme neuer sprachlicher Einheiten zu geben, müssen diese Einheiten wiederholt angeboten werden: Tatsächlich benötigt ein Mensch mindestens eine fünf- bis achtmalige Repetition, um neues Sprachmaterial speichern zu können. Solche Phasen des konzentrierten Hörens sind für Kinder aber nur ansprechend, wenn sie sich selbst am Unterrichtsgeschehen beteiligen können, und zwar durch non-verbale Reaktionen. Die Kinder „antworten" also, indem sie die Ausdrucksseite des Körpers miteinbeziehen, zum Beispiel durch entsprechende Mimik oder Gestik (TPR). Neues Sprachmaterial sollte daher so angeboten werden, dass es mit einer Anweisung an die Kinder verknüpft ist, die ohne Rückgriff auf die Sprache

Einleitung

ausgeführt werden kann. Zugleich erlaubt dies der Lehrerin/dem Lehrer, wiederholend zu sprechen, ohne die Kinder zu langweilen.

Es lässt sich mit TPR-Maßnahmen auch recht gut bei der Wiederaufnahme von Themen arbeiten, ebenso können sie zum Zwecke der Lernzielkontrolle eingesetzt werden. Hierzu finden sich in diesem Buch bei einigen Stundenbildern Arbeitsblätter, die nach dem *cut-out*-Verfahren verwendet werden können: Diese Vorlagen bestehen aus einem Bild in der Mitte, das auf den thematischen Hintergrund verweist, und einer Randbestückung aus einzelnen Bildern. Die Arbeitsblätter werden im Sinne des TPR-Prinzips eingesetzt, denn die Lehrerin/der Lehrer benennt nun der Reihe nach die Gegenstände aus der Randbestückung. Einige Gegenstände gehören zum Thema, andere aber passen nicht. Letztere müssen von den Schülerinnen und Schülern durchgestrichen oder besser weggeschnitten werden. Durch das Herausschneiden erhält das Arbeitsblatt eine bestimmte Form, durch die das Material auch autokorrektiv eingesetzt werden kann.

Entspannungsphasen/Ritualisierung

Um den besonderen Lernvoraussetzungen von Grundschulkindern entgegenzukommen, ist es wichtig, für einen stimmigen Phasenwechsel zu sorgen, der Konzentration und Entspannung wechselweise berücksichtigt. Entspannungsphasen lassen sich durch Singen bekannter Lieder, gemeinsames Sprechen von Reimen, Aufnahme eines vertrauten Spieles oder auch durch Einschieben kurzer Bewegungssequenzen einrichten. Man kann dabei den Kindern nach dem TPR-Prinzip einfache Anweisungen zu kleinen Gymnastikübungen geben, sie narrativ in eine andere Umgebung versetzen (z.B. *Es ist kalt: „It is cold."* Hierbei können sich die Kinder vorsichtig auf imaginärem Eis bewegen).

Da die Kinder im Fremdsprachenunterricht in eine unbekannte Welt eintauchen, ist es von besonderer Bedeutung, das Fremde als interessante Herausforderung und nicht als bedrohlich darzustellen. Dies kann nur gelingen, wenn den Schülern die Rahmenbedingungen und einzelne Phasen des Unterrichts bald vertraut sind, denn nur durch eine solche Ritualisierung kann sich das Kind in einer sprachlich fremden Umgebung orientieren und sicher fühlen. Es ist also wichtig, Arbeitsformen wiederholt einzusetzen und sie lediglich mit neuem Material zu füllen. Ebenso verhält es sich mit bestimmten Unterrichtsphasen (z.B. Begrüßung, Verabschiedung, Geburtstagsgratulation) oder auch mit Spielen, die ohnehin auf Wiederholung drängen. Eine ganze Reihe an Variationen zur Gestaltung ritualisierender Unterrichtssituationen haben sich bewährt: Zur Begrüßung kann z.B. die Fahne an die Tafel geheftet werden, oder eine Hand- bzw. Fingerpuppe wird „geweckt" und begrüßt. Ein musikalischer Einstieg ist ebenfalls sehr schön, um die Kinder auf die fremdsprachliche Sequenz einzustimmen. Auch ein einfaches Tanzlied, in dem man sich gegenseitig begrüßt, könnte als Einstieg gewählt werden. Am Ende der Unterrichtssequenz sollte das Entfernen des Symbols bzw. das Singen eines Liedes oder das Sprechen eines Abschiedsraps die Phase des Fremdsprachenunterrichts oder des Unterrichts in der Fremdsprache *(Integratives Unterrichten)* deutlich abschließen.

Ein Beispiel für Ritualisierung: Der „*Wie geht's dir?-Schieber*" (Befindlichkeitsschieber):
Jeder Schulvormittag kann ritualisierend mit der Erkundigung nach dem Befinden einzelner Kinder beginnen. Dies ist nicht nur eine gute Gelegenheit, den Kindern als kleinen Persönlichkeiten Raum zu geben, sondern auch, die Fremdsprache täglich für ein Weilchen erklingen zu lassen. Am Anfang sollte sich die Lehrerin/der Lehrer nach dem Wohlbefinden einzelner Kinder erkundigen, die dann anhand eines Befindlichkeitsschiebers anzeigen, wie sie sich fühlen. Die Lehrerin/der Lehrer formuliert zunächst den entsprechenden Satz für die Kinder: „*How are you?*" Nach einiger Zeit können sie ermutigt werden, diese Äußerung zu wiederholen. Bald werden auch einzelne Kinder in der Lage sein, anstelle der Lehrerin/des Lehrers die Frage zu stellen, und schließlich werden alle diese überschaubare Situation in der Zielsprache ergriffen haben und selbstständig antworten.

Bewusst spielen!

Grundschulkinder sind in einem Alter, in welchem Spielen ein fester Bestandteil ihres täglichen Lebens sein sollte, denn es ist für sie eine Weise, sich die Welt zu erschließen. Zudem lernen sie hierbei auch, Regeln einzuhalten. Zur Methodik des Grundschulunterrichtes gehört der Einsatz von Spielen, besonders in den ersten beiden Schuljahren. Auch im Fremdsprachenfrühbeginn soll also gespielt werden, denn nur durch das Spiel lässt sich die Motivation beim Umgang mit sprachlichen Einheiten und bei der Sensibilisierung für grammatische Erscheinungen erreichen und erhalten. Nach einer sehr intensiven Arbeitsphase kann ein Spiel auch für die notwendige Bewegung oder Entspannung sorgen. Die vorliegenden Materialien bieten Anregungen für Spiele mit unterschiedlichster Zielsetzung (Entspannung, Übung, Bewegung, etc.).

Wird eine spielerische Übungsform eingeplant, so ist es unerlässlich, vorab eindeutig die Frage zu klären, welche Fertigkeiten den Kindern dabei abverlangt werden. Spiele, die nur dann durchführbar sind, wenn die Schüler bereits aktiv und flexibel über einen Wortschatzbereich verfügen, sollten beispielsweise niemals verfrüht eingesetzt werden, da sonst die Kinder ihren Kenntnisstand als defizitär empfinden.

Finger- und Handpuppen

Für den Anfangsunterricht bietet sich der Einsatz einer Hand- oder Fingerpuppe sehr gut an. Zwar sind Fingerpuppen zumeist weniger kuschelig als Handpuppen, zudem sind sie durch ihre Größe weniger auffallend, und auch der Mund ist nicht bewegbar. Doch auch sie haben durchaus ihre Vorteile. Sie sind leicht in der Tasche unterzubringen, schnell übergestreift und müssen selbst beim Anheften von Bildmaterial oder Anschreiben an die Tafel nicht abgelegt werden, da sie anders als die Handpuppe nicht stets eine Hand der Lehrerin/des Lehrers beanspruchen. Gerade auch für die etwas älteren Kinder bieten sie eine nette Alternative. In diesem Buch finden sich bei einigen Unterrichtsentwürfen Vorschläge zum Einsatz von Finger- oder Handpuppen, so zum Beispiel bei der Einführung neuen Wortschatzmaterials. Hier kann zwischen Lehrerin oder Lehrer und Puppe ein Gespräch entstehen, in das die neuen Vokabeln so integriert werden, dass sie herausstechen. Diese Wiederaufnahme derselben sprachlichen Einheiten erscheint in einem Dialog weniger künstlich und daher auch weniger ermüdend als bei einem reinen Lehrervortrag.

Landeskunde und Integration in andere Fächer

Sprachen sind keine eindimensionalen Gefüge, und sie lassen sich nicht reduzieren auf gesprochene und geschriebene Wörter. Vielmehr sind sie von größter Komplexität und gehen weit über das hinaus, was Generationen von Schülern mechanisch und zumeist unreflektiert in ihr Vokabelheftchen übernommen haben. Einiges von diesen Dimensionen einer Sprache außerhalb der Wortschatz- oder Grammatikarbeit lässt sich unter *Landeskunde* zusammenfassen. Es geht bei landeskundlichen Themen darum, Besonderheiten des Zielsprachenlandes zu entdecken und ganz Alltägliches, aber auch Außergewöhnliches zu erfahren. Einige Anregungen hierfür finden sich in den vorliegenden Materialien.

Des Weiteren geht es darum, die Zielsprache Englisch nicht nur als Gegenstand des Unterrichts erfahrbar zu machen, sondern sie auch in andere Unterrichtsfächer zu integrieren. Daher wurden einigen Stundenplanungen auch Vorschläge für fächerübergreifendes Arbeiten beigefügt.

Spiele und spielerische Übungsformen

Spiele im Bereich des rezeptiven Vermögens

Die Schülerinnen und Schüler verstehen zunehmend den zu einem Thema oder Themenausschnitt gehörenden Wortschatz. Sie können also schon einige der Wörter mit der zugehörigen Bedeutung verknüpfen. Übungen auf dieser Stufe sollen die Kinder befähigen, über wiederholtes Hören (also rezeptiv) mit Wortschatz und korrekter Aussprache vertraut zu werden. Die Schülerinnen und Schüler müssen weder nachsprechen noch produktiv über den Wortschatz verfügen.

„Living Memory"

Verlauf: Im Unterschied zum traditionellen Memory werden jeweils doppelt vorhandene Spielkarten nicht ausgelegt, sondern an die Kinder der Klasse verteilt. Die Darstellungen auf den Karten werden von der Lehrerin/dem Lehrer benannt. Zuvor jedoch werden einige Kinder – die eigentlichen Spielerinnen und Spieler – vor die (angelehnte) Tür gestellt. Sind alle Kärtchen an die Kinder im Zimmer verteilt, werden die Spieler hereingerufen. Das erste Kind nennt die Namen zweier Klassenkameraden, die ihre Bilder nun zeigen. Die Lehrerin/der Lehrer kommentiert und benennt das Gezeigte in der Fremdsprache Englisch. Findet ein Kind ein Paar, bekommt es die zugehörigen Bildkärtchen. Das Vorgehen gleicht also dem traditionellen Memory, doch sind bei dieser Variante alle Kinder aktiv.

Durch das oftmalige Wiederholen der Lehrerin/des Lehrers wird zunächst ein Zuwachs auf der Ebene des Hörverstehens erreicht. Um den fremdsprachlichen Zugewinn weiterhin gewährleisten zu können, sollte die sprachliche Rolle der Mitspielerinnen und Mitspieler bei jedem weiteren Durchgang des Memory erweitert werden. Denn anders als beim traditionellen Memory liegen die Spielkarten hier nun nicht auf einem Tisch, sondern durch die Verteilung auf die Kinder ist es – egal bei welcher Sitzordnung – unumgänglich, die Bilder zu benennen, da immer nur ein Teil der Schülerinnen und Schüler die einzelnen Bilder sehen kann. Die Kinder können zunehmend mit der Lehrerin/dem Lehrer gemeinsam ihre Darstellung auf der Spielkarte benennen (reproduktives Vermögen wird hier schon angebahnt), und schließlich werden einige Kinder beginnen, ihre Bilder selbst zu benennen (produktive Leistung).

Weiterhin ist es etwa ab der dritten Klasse denkbar, dieses Spiel auch für eine Wort-Bildzuordnung zu nutzen.

„Simon says!"

Dieses Spiel eignet sich sehr gut zur Auflockerung, da sich die Kinder hierbei bewegen müssen. Es bietet die Möglichkeit, das Benennen von Körperteilen und Tätigkeiten zu wiederholen bzw. zu festigen, da die Anweisungen in Bewegungen oder Laute umgesetzt werden müssen.

Verlauf: Die Lehrerin/der Lehrer nennt Körperteile oder Tätigkeiten und beginnt dabei stets mit dem Satz „Simon says, …!". Die jeweilige Tätigkeit muss von den Kindern durchgeführt werden. Nennt die Lehrerin/der Lehrer lediglich eine Tätigkeit und lässt den Satzanfang „Simon says, …!" weg, dann müssen die Kinder still stehen. Bewegt sich doch ein Kind, so scheidet es aus.

Dieses Spiel lässt sich bei allen Wortschatzbereichen einsetzen, bei denen sich die Wörter oder Redewendungen sinnvoll in Bewegungen umsetzen lassen. Hierzu zählen viele Verben und Substantive, und zum Beispiel die Teile und Räume des Hauses lassen sich sehr gut verwenden.

In einer Phase, die das eigentliche Spiel einleitet, werden bestimmte Bewegungen gemeinsam mit den Kindern vereinbart, und so verbindet man hierbei wiederholtes Hören mit Semantisierung, setzt also in den Bewegungen die Assoziationen der Kinder um.

Spiele im Bereich des reproduktiven Vermögens

Auf dieser Ebene sind die Schülerinnen und Schüler bereits so vertraut mit einem Wortschatzbereich, dass sie bestimmte Wörter nachsprechen und insofern reproduktiv tätig werden können. In vorgeschalteten TPR-Phasen wurde die Verknüpfung von Lautgestalt und Inhaltsseite der Wörter geübt, so dass die Kinder nunmehr mit Ausspracheversuchen beginnen können.

„Arms Expert" (nach Jürgen Kurtz)[1]

Diese Übungsform ist besonders geeignet, um Chorsprechen und Improvisation (Gestik, Mimik, Pantomime) miteinander zu verknüpfen, um sowohl die

---

[1] In seiner Habilitationsschrift befasst sich Kurtz mit unterschiedlichen Lernarrangements, die die Schülerinnen und Schüler zu improvisierendem Sprechen führen sollen. Seine Anregung „Arms Expert" wurde aufgenommen und angepasst. Kurtz, Jürgen: *Improvisierendes Sprechen im Frendsprachenunterricht. Eine Untersuchung zur Entwicklung spontansprachlicher Handlungskompetenz in der Zielsprache.* Tübingen: Narr, 2001 (Giessener Beiträge zur Fremdsprachendidaktik), S. 200.

Bedeutung von Wörtern, Sätzen und Liedtexten darzustellen als auch die Motivation der Kinder zum Nachsprechen zu fördern.

Verlauf: Zwei Kinder, die sich gut verstehen, stellen sich hintereinander. Das vordere Kind hat die Aufgabe, eine Textaussage mimisch darzustellen, während es seine Hände nicht benutzen darf. Das zweite Kind streckt seine Arme so nach vorn, dass sie dem vorderen Kind zu gehören scheinen. Das hintere Kind unterstreicht nun die Aussage, des von der Klasse im Chor gesprochenen Textes, durch entsprechende Gestik der Arme. Durch die simple Tatsache, dass die beiden Kinder scheinbar einen Körper bilden, der seine Impulse aber nicht von einer **einzigen** „Kommandozentrale" aus erhält, entstehen oft erheiternde Figuren und unkoordinierte Bewegungsabläufe. Die ganze Gruppe spricht den Text dazu – geeignet sind hierbei kurze Gedichte, Liedtexte und überschaubare Textpassagen jeder Art – freut sich über die pantomimische Darbietung und drängt auf Wiederholung.

Von den Lippen ablesen

Die Aussprache neuen Wortschatzes kann man motivierend und ohne Aufwand üben, indem man den Kindern die Vokabeln stumm vorspricht oder höchstens zuflüstert. Die Schülerinnen und Schüler lesen von den Lippen ab, melden sich und nennen das betreffende Wort bzw. den Ausdruck oder die Textzeile. Nach einiger Übung kann sich die Lehrerin/der Lehrer zurücknehmen, und die Kinder flüstern sich gegenseitig die Wörter zu. Wenn ein Wort von den Lippen abgelesen und mit großer Abweichung von der Aussprachenorm wiedergegeben wird, sollte eine Chorsprechsequenz eingeschoben werden, in der das Wort oder die Wörter mehrfach variierend von den Schülerinnen und Schülern ausgesprochen werden.

Spiele im Bereich des produktiven Vermögens

Für diese höchste Fertigkeitsstufe (hier bezogen auf die Ebene des mündlichen Sprachgebrauchs) bieten sich viele Spiele an, da sie aus den breitesten Fähigkeiten der Schülerinnen und Schüler schöpfen können. Die Kinder sind nun schon in der Lage, einen bestimmten Wortschatzbereich zu verstehen und nachzusprechen. Teilweise können sie auch schon selbstständig beispielsweise zu einem Bildimpuls passende Wörter oder kleinere Textabschnitte assoziieren und sie eventuell sogar mit bereits vorhandenem Wortschatz verknüpfen.

Was fehlt?

Diese Übungsform kann zum Abschluss einer Einheit und zur Wiederholung eingesetzt werden. Allerdings wird hier den Kindern eine hohe Sicherheit des Wortschatzes abverlangt.

Verlauf: Je nach Klassenstufe werden 6–10 Gegenstände in die Kreismitte gelegt. Auch Redewendungen oder Verben bieten sich an, hier müssen entsprechende Bildkarten in den Kreis gelegt werden. Die Kinder sollen sich nun die Gegenstände oder Bildkarten gut einprägen. Danach wird ein Kind vor die Tür geschickt und ein Gegenstand bzw. eine Bildkarte wird weggenommen. Um die Schwierigkeit zu erhöhen, können auch zwei oder mehr Gegenstände oder Bildkarten aus dem Kreis genommen werden. Das Kind wird zurück ins Klassenzimmer geholt. Nun wird die Frage: „*What's missing?*" gestellt und das Kind benennt den fehlenden Gegenstand bzw. die fehlenden Dinge.

Kofferpacken

Verlauf: In der Mitte des Sitzkreises befinden sich ein Koffer oder Schulranzen sowie einzupackende Gegenstände. Die Lehrerin/der Lehrer fragt ein Kind: „Was packst du in deinen Koffer?" „*What do you put into your suitcase?*". Das aufgeforderte Kind wählt einen Gegenstand aus, benennt ihn und legt ihn zum Koffer. Danach fordert es das nächste Kind auf. Die Lehrerin/der Lehrer stellt erneut die Frage „*What do you put into your suitcase?*".
Ziel ist es, dass die Schüler möglichst bald selbst die Frage formulieren können. Jedes neu aufgeforderte Kind benennt die bereits zum Koffer gelegten Gegenstände und fügt ein weiteres Teil hinzu. Am Ende werden tatsächlich alle Gegenstände in den Koffer gepackt.

Variante: Alle zum Wortschatzbereich gehörenden Gegenstände werden zu Diebesgut erklärt und die Lehrerin/der Lehrer oder ein Kind spielt die Rolle des Gangsterbosses, die übrigen Schülerinnen und Schüler sind Mitglieder der Räuberbande. Jedes Mitglied darf vom Boss einen Gegenstand erbitten: „*I'd like...!*". Vergisst ein Räuber, sich bei der Zuteilung beim Gangsterboss zu bedanken, muss er seinen Anteil der Beute zurückgeben!

1. In der Schule

Stundenthema: Sich vorstellen: *My name is …* | Empfohlenes Lernjahr: Klasse 1/2

Neues Wortmaterial/Strukturen:
My name is …

Benötigte Medien:
Teddybär, Arbeitsblatt

Notwendiges Vorwissen:
keines

Phasen	Lehrer	Schüler	Medien	Bemerkungen
Einstieg	Begrüßungsritual			Siehe vorangestellte Erläuterungen.
Präsentation	L. arbeitet mit dem Teddybären (T): L.: „*Hello, my name is Mrs/Mr …*" L.: „*What's your name?*" T.: „*My name is Teddy.*" (auf sich selbst zeigend) Der Teddy fragt SuS nach ihrem Namen. Der Teddy wiederholt den Namen der S. Dabei zeigt er zuerst auf den S., dann auf sich selbst. T.: „*Your name is …*" T.: „*My name is Teddy.*"	SuS antworten mit ihrem Namen.	Teddybär	Manche SuS sprechen bald den ganzen Antwortsatz nach. (Mitarbeit allerdings optional, nur wer möchte.) Der Dialog zwischen dem Teddy und dem Lehrer sollte vor der Schülerbefragung mehrmals variierend wiederholt werden.

1. In der Schule

1. In der Schule

Stundenthema: Die Farben: Colours — Empfohlenes Lernjahr: Klasse 1/2

Neues Wortmaterial/Strukturen:
fish, red, blue, green, yellow, black, orange, water, colour

Benötigte Medien:
CD (Meditationsmusik), Bildkarten mit Fischen, die eingefärbt werden können, Geschichte, Arbeitsblatt, Eimer, Tüten (blau oder durchsichtig)

Hinweis:
Die Stunde kann auch fächerübergreifend durchgeführt werden. Anfangsunterricht Deutsch: Wir sind jetzt in der Schule!

Phasen	Lehrer	Schüler	Medien	Bemerkungen
Einstieg	Begrüßungsritual			Siehe vorangestellte Erläuterungen.
Motivation	Meditative Musik (z. B. mit Meeresgeräuschen); L. erzählt eine einfache Geschichte über einen Fisch und seine Freunde. L. deutet dabei auf die Farben.	SuS dürfen sich entspannen und die Farben wahrnehmen.	CD mit Meditationsmusik, ruhige Melodien, Bildkarten eingefärbt, Geschichte	Sozialform: Sitzkreis/am Platz
TPR-Phase	L. verteilt an alle SuS Papierfische und gibt den SuS die Anweisung, sie auszumalen: L.: „*Colour your fish green/red/…*" L. stellt Fragen: L.: „*Who has got a red fish?*" L.: „*Who has got a green fish?*" L. stellt right/wrong-questions: L.: „*This is a green fish.*" L.: „*That's right.*" → stand up L.: „*That's wrong.*" → sit down	SuS erhalten je einen Fisch und kolorieren ihn. Solange die Musik spielt, dürfen die SuS die Fische anmalen. SuS zeigen Hörverstehen durch das Zeigen der richtigen Fische. Richtig: SuS stehen auf Falsch: SuS bleiben sitzen (Eventuell: *No* rufen, Kopf schütteln)	Bildkarten mit verschiedenfarbigen Fischen (rot, blau, grün, gelb, schwarz, orange)	
Reproduktion	L. heftet nacheinander verschiedenfarbige Fische an die Tafel. L.: „*This is a blue fish. Altogether: (This is) a blue fish.*"	SuS sprechen nach: • im Chor • in Kleingruppen	Papierfische an der Tafel	

Phasen	Lehrer	Schüler	Medien	Bemerkungen
Stillarbeit (TPR)	L. verteilt Arbeitsblatt. L.: *„Please colour fish number one green."* usw.	SuS malen Fische auf dem Arbeitsblatt farbig an.	Arbeitsblatt	
Festigung	L. sammelt Fische wieder ein, indem er sie von den SuS zurück ins Wasser (z. B. durchsichtige Tüte oder aufgeschnittener blauer Müllsack) legen lässt. L.: *„Put your fish into the water. What colour is it?"*	SuS bringen nacheinander ihren Fisch nach vorn und benennen die Farbe. S.: *„blue, green."*	„Wasser" (durchsichtige Plastiktüte, blauer Müllsack oder Eimer)	Weiterführung der Stunde: Fächerübergreifend Englisch/Kunst: Ein großer Karton wird blau angemalt. Einige Wasserpflanzen werden aufgemalt. Nun dürfen die Kinder die Fische mit Schnüren versehen und in unterschiedlicher Höhe im Karton aufhängen. So entsteht ein Aquarium.

Vorschlag für die Geschichte, die vom Lehrer erzählt wird:

Bobby, the black fish

The little black fish Bobby lives in the sea. He is very sad, because he is black. Nobody wants to play with him. The other fish look so nice.
Jo is green, Betty is blue, Jim is red, Sally is orange and Peter is yellow.
They all play together. But nobody wants to play with Bobby, because he is black.
One day, Bobby has an idea. He colours green, blue, red, orange, and yellow stripes onto his body. Now he is a wonderful fish, the nicest of all, and all the other fish want to play with him.

Bobby, the black fish

Der kleine Fisch Bobby lebt im Meer. Er ist sehr traurig, denn er ist schwarz und keiner möchte mit ihm spielen. Die anderen Fische sehen so schön aus.
Jo ist grün, Betty ist blau, Jim ist rot, Sally ist orange und Peter ist gelb.
Sie spielen gerne zusammen. Mit Bobby möchte niemand spielen, denn er ist schwarz.
Eines Tages hat Bobby eine Idee: Er bemalt seinen Körper mit grünen, blauen, roten, orangen und gelben Streifen. Nun ist er der schönste Fisch von allen. Die anderen Fische spielen nun gerne mit ihm.

1. In der Schule

Bildkarten:

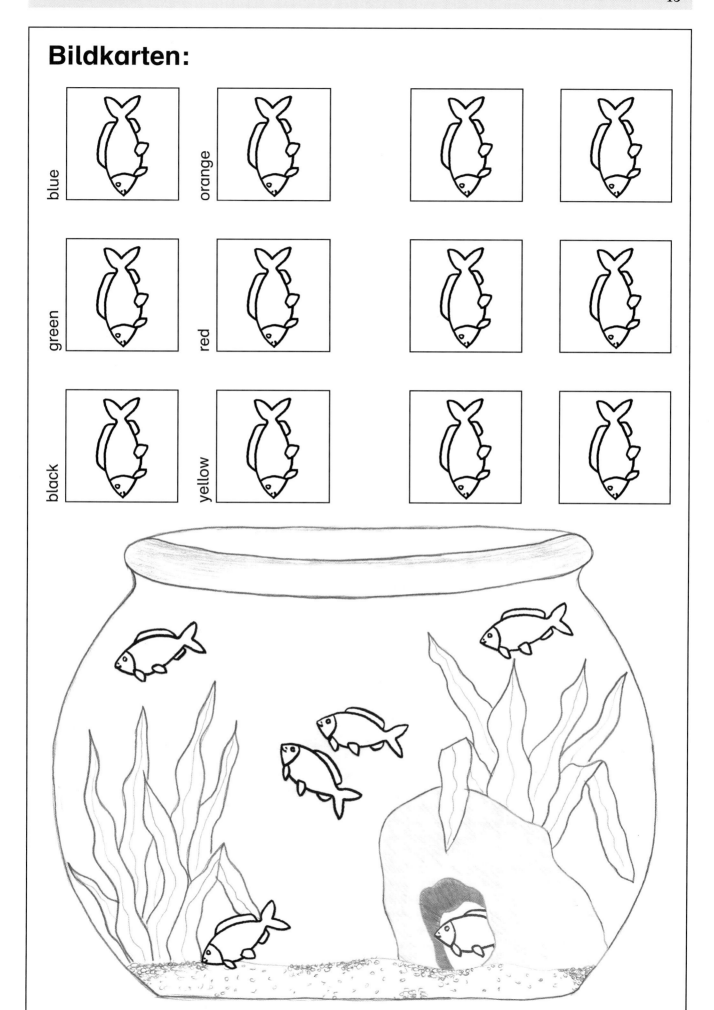

Stundenthema: Die Zahlen: *Numbers 1–10* Empfohlenes Lernjahr: Klasse 1/2

Neues Wortmaterial/Strukturen:
one, two, three, four, five, six, seven, eight, nine, ten.

Benötigte Medien:
Befindlichkeitsschieber, Zahlen-Bildkarten

Notwendiges Vorwissen:
keines

Phasen	Lehrer	Schüler	Medien	Bemerkungen
Einstieg	Begrüßungsritual			Siehe vorangestellte Erläuterungen.
Motivation	Ritual: L. heftet den Stimmungsschieber an die Tafel. L. kommentiert: „*I'm fine. I'm o.k. I feel bad.*"			
Demonstration	L. heftet Bilder (Zahlen/Bild) nacheinander an die Tafel. L.: „*This is number one. One. This is number two. Two.*" usw.	SuS hören Aussprache der englischen Zahlen.	Zahlen-Bildkarten	
TPR	L. teilt Zahlen-Bildkarten aus. L.: „*Show me number one, two, three, ... ten!*" L.: (Zahlensalat) „*Show me number eight and come to the board!*" L.: (sortierend an der Tafel) „*Give me number five!*" usw.	1. SuS zeigen genannte Zahl. 2. SuS heften Zahlen durcheinander an die Tafel.	Zahlen-Bildkarten	Zahlen zuerst in Reihenfolge nennen, dann durcheinander an Tafel heften. → jumbled L. aktiviert die anderen SuS, indem er sie auffordert, die Zahl mit den Fingern zu zeigen. L.: „*How many fingers?*"
Festigung	L. verweist nun auf die entsprechende Anzahl von Bären: L.: „*One bear. Two bears. Three bears ...*" L.: „*How many bears can you see?*" L. nimmt die Zahlen-Bildkarten durcheinander von der Tafel.	SuS wiederholen Zahlen. SuS sprechen Zahlen im Chor nach.	Zahlen-Bildkarten	Als Vertiefung oder Auflockerung kann das „Zahlenspiel" eingesetzt werden.

Ergänzendes Spiel:

Das Zahlenspiel:

Die SuS sitzen im Kreis. Zwei Schüler kommen in die Mitte und verschränken die Arme auf dem Rücken. Zwischen ihnen liegen zehn Bonbons oder Kastanien auf dem Boden. Auf den Startbefehl „*ready – steady – go*" hin greifen die SuS zu. Jetzt wird die Anzahl der Bonbons oder Kastanien genannt und verglichen. Die SuS bestimmen ihre Nachfolger (*Who is next?*). Während des Spiels werden alle Fragen und Antworten auf Englisch gegeben.

1. In der Schule   17

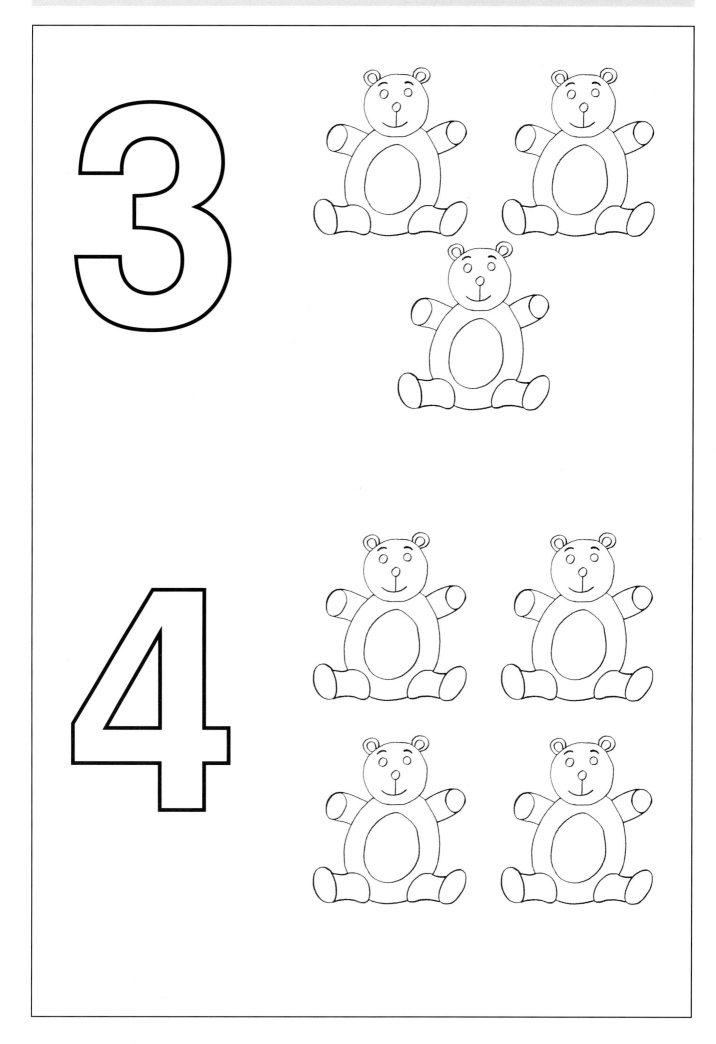

18 1. In der Schule

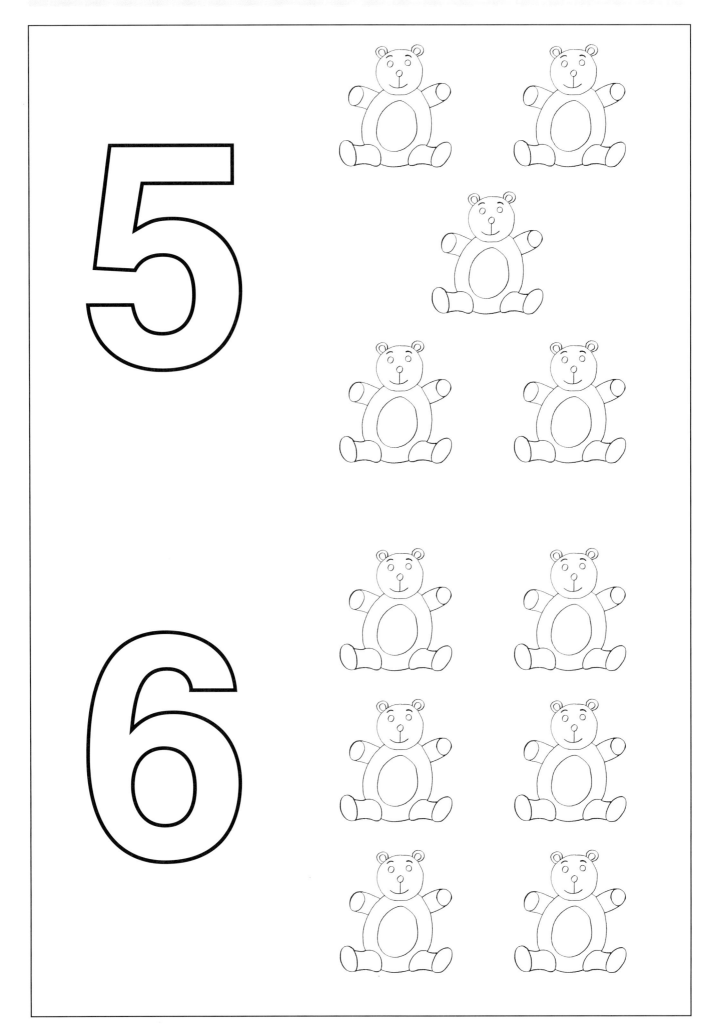

1. In der Schule

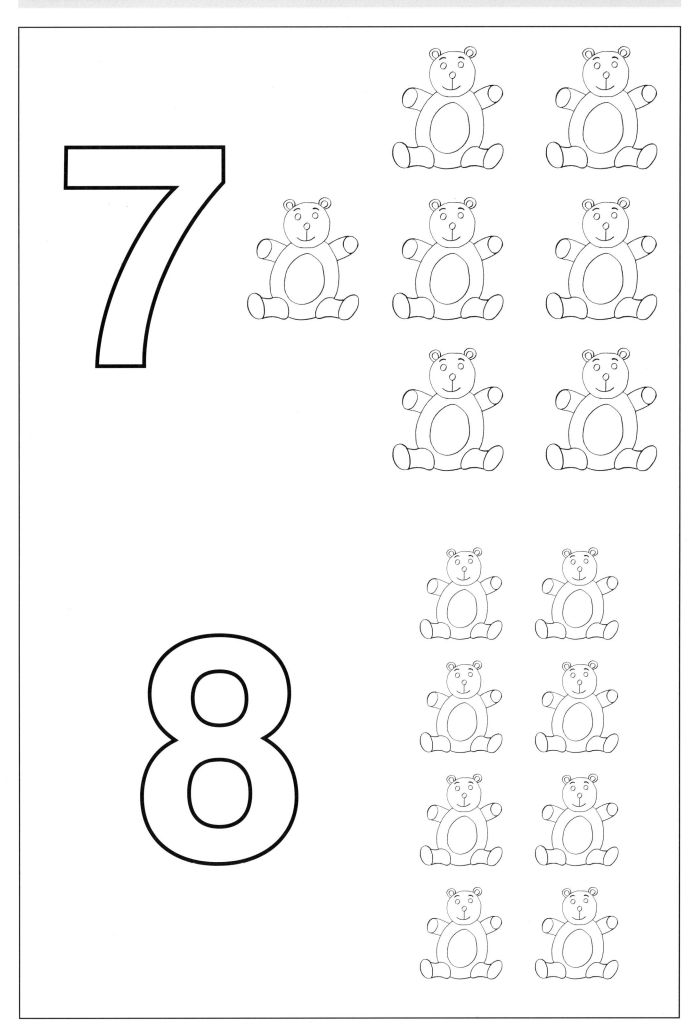

1. In der Schule

1. In der Schule

Stundenthema: Wiederholung der Zahlen und Farben: *Pencil case*

Empfohlenes Lernjahr: Klasse 1/2

Neues Wortmaterial/Strukturen:
1. Stunde: *pencil case, pencil, felt tip, ruler, sharpener* (und teilweise Plural)
2. Stunde: *pen, glue, rubber, a pair of scissors* (und teilweise Plural)

Benötigte Medien:
Zahlenkarten, Karten mit Würfelpunkten, Gegenstände, Arbeitsblatt

Notwendiges Vorwissen:
numbers 1–10, colours

Phasen	Lehrer	Schüler	Medien	Bemerkungen
Einstieg	Begrüßungsritual			Siehe vorangestellte Erläuterungen.
Wiederholung	L. hält Zahlenkarten hoch und lässt sie von SuS an die Tafel heften. Nachdem alle Zahlen an der Tafel hängen, wird die Zahlenreihe nochmals im Chor gesprochen. Hier kann variiert werden: von laut nach leise, von hoch nach tief … L.: „*Let's say it all together: One, two, three … ten.*"	SuS melden sich, ein S. nennt die Zahl, kommt nach vorn und heftet sie an die Tafel. L. oder S. nennt die Zahl auf Englisch, SuS dürfen nachsprechen.	Zahlenkarten oder Karten mit Würfelpunkten	
Einführung (TPR)	L. präsentiert Realgegenstände: L.: „*This is a pencil case.*" L.: „*Show me your pencil case.*" L.: „*Put it on your table.*" usw.	SuS halten den entsprechenden Gegenstand hoch und legen ihn auf den Tisch.	Gegenstände	Vorteil: Alle SuS haben die Realgegenstände dabei.
Reproduktion oder Spiel/Übung	L. hält Gegenstand hoch: L.: „*This is a pencil case.*" L.: „*Pencil case.*" L.: „*This is a ….*" Spiel: **Simon says** L.: „*Simon said: a pencil.*" Tilgt der L. den Passus *Simon says* darf der Befehl nicht ausgeführt werden.	SuS sprechen nach: • im Chor (laut/leise) • einzeln. Die SuS legen die benannten Schreibgeräte auf den Tisch. SuS zeigen den Gegenstand, wer sich irrt, scheidet aus, schaut aber aufmerksam zu, ob die anderen SuS richtig reagieren.	Gegenstände	Erscheint die Phase des Nachsprechens für die Lerngruppe zu früh, so kann sie auf die Folgestunde vertagt werden. Neue Wörter sollten in überschaubarem Kontext, aber der Klarheit wegen auch isoliert gesprochen werden.

Phasen	Lehrer	Schüler	Medien	Bemerkungen
Festigung TPR	L.: „*Draw five pencils on the black board.*" L. zu restlichen SuS: L.: „*Show me your pencil and five fingers!*" L. weist SuS an, ihre Tische aufzuräumen: L.: „*Put the pencil in the pencil case!*" L.: „*Put the felt tip in the pencil case!*"	Ein S. zeichnet z. B. fünf Stifte zu der entsprechenden Zahlenkarte, restliche SuS halten Gegenstand hoch und zeigen die Zahl mit den Fingern. SuS räumen die genannten Gegenstände nacheinander wieder ein.	Zahlenkarten und Zeichnungen an der Tafel	
Stillarbeit	L. verteilt Arbeitsblatt. L.: „*Colour the pencil green!*" L.: „*Colour the ruler yellow!*"	SuS malen die Zeichnungen farbig an.	Arbeitsblatt	

1. In der Schule 23

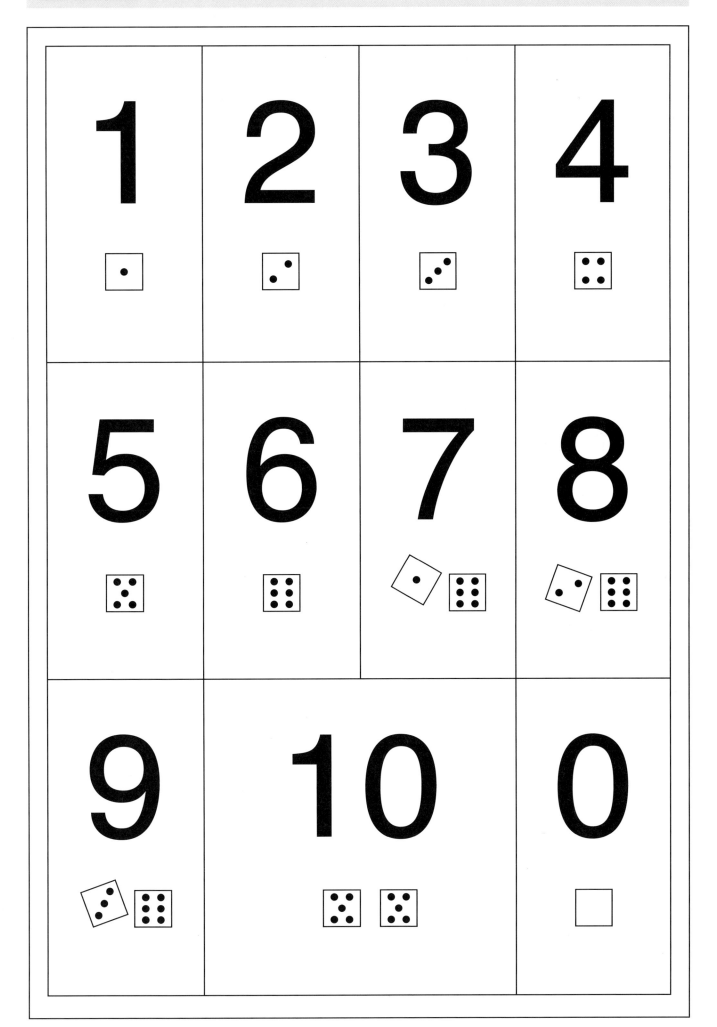

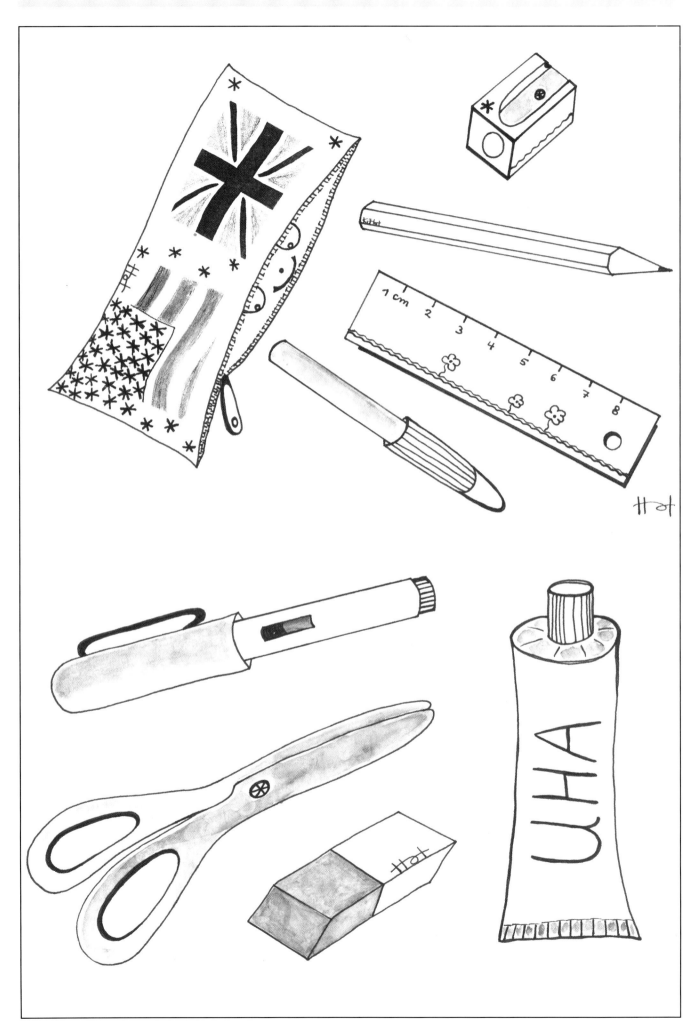

2. Mein Körper

Stundenthema: Mein Körper: *My Body*	**Empfohlenes Lernjahr: Klasse 1/2**
Neues Wortmaterial/Strukturen: *body, head, arm, hand, belly, leg, foot* **Benötigte Medien:** Kopiervorlage zum Zusammensetzen, weiße Papierbögen, Lieder	**Notwendiges Vorwissen:** Classroom phrases: Stand up./Sit down./Show me …

Phasen	**Lehrer**	**Schüler**	**Medien**	**Bemerkungen**
Einstieg	Begrüßungsritual			Siehe vorangestellte Erläuterungen.
TPR-Phase I	L. setzt nach und nach den Papiermenschen zusammen und spricht dazu. L.: *„Stand up, please!"* *„This is a/her head: Show me your head, XY!"* *„This is an arm: Show me your arms, XY!"* *„This is a hand: Show me your hands, XY!"* *„This is a/her belly: Show me your belly, XY!"* *„This is a a leg: Show me your legs, XY!"* *„This is a foot: Show me your foot, XY!"* (Eventuell auch one foot – two feet) *„This is a/her body: Show me your body, XY!"* *„Sit down, please!"*	SuS verknüpfen Klangbild mit dem Körperteil, indem sie auf das geforderte Körperteil am eigenen Körper zeigen.	Kopiervorlage zum Zusammensetzen	Schwierigkeiten: • unbestimmter Artikel a/an • Plural von foot → feet XY steht für den Namen einzelner SuS.
TPR-Phase II	L. benennt nochmals laut alle Körperteile und zeigt dabei auf den Papiermenschen. L.: *„Who can show me the arms?"* *„Who can show me the belly?"*	Je ein S. kommt nach vorn an die Tafel und zeigt auf das entsprechende Körperteil.	Kopiervorlage an der Tafel	
Reproduzieren	L.: *This is a head:* (a) head *This is an arm:* **(an)** arm *This is a hand:* (a) hand *This is a belly:* (a) belly *This is a leg:* (a) leg *This is a foot:* (a) foot/eventuell feet	SuS sprechen nach: • im Chor • in Kleingruppen • einzeln		Bewusstmachung von **an** arm foot/**feet**

Phasen	Lehrer	Schüler	Medien	Bemerkungen
Trainieren der Aussprache	L. spricht repetierend vor und klatscht die Sprechsilben. L.: *head-, head-, head.* L. spricht andere Körperteile vor. L. bildet Aufzählung und klatscht die Sprechsilben. L.: *arm-, hand-, leg-, foot.*			
Abschluss TPR-Phase	L. verteilt weiße Blätter. L.: „*Please fold the piece of paper into 3 parts like this!*" (L. demonstriert es vor der Klasse.) L.: „*Draw a head, fold the paper and give it to your neighbour!*" L.: „*Draw a belly, two arms and hands and give it to your neighbour!*" L.: „*Draw two legs and two feet!*" L.: „*Now, look at the bodies!*"	SuS falten Papier in drei Teile, zeichnen in das erste Feld den Kopf, falten den Kopf nach hinten und geben das Blatt an ihren rechten Nachbarn weiter.	weiße Papierbögen	
Weiterführung bzw. Wiederholung	L. singt: Lied *Head and shoulders* Alternativ: Lied *Clap your hands*		Lieder	

2. Mein Körper

Stundenthema: Krank sein: *I am ill! It hurts!* Empfohlenes Lernjahr: Klasse 1/2

Neues Wortmaterial/Strukturen:
I feel bad!/I am ill!
My … hurts.

Benötigte Medien:
Pflaster, Lied, Bildkarten, Spiel

Notwendiges Vorwissen:
die Körperteile

Phasen	Lehrer	Schüler	Medien	Bemerkungen
Einstieg	Begrüßungsritual			Siehe vorangestellte Bemerkungen.
TPR-Phase I Wiederholung der Körperteile	L. gibt Anweisungen, nach denen die SuS ein *Männchen* an die Tafel zeichnen: *Draw a head/a mouth/teeth/two ears/the neck/the belly/two arms/two hands with five fingers/two legs/two feet.*	Einzelne SuS zeichnen entsprechend die Körperteile an die Tafel. Ein *Männchen* entsteht.	Zeichnung an der Tafel	
TPR-Phase II Präsentation	L. gibt der Tafelfigur einen Namen und erklärt durch mimische Darstellung, dass XY krank sei. Dazu versprachlicht L. „*He is ill. His leg hurts.*" „*He is ill. His stomach hurts.*" „*He is ill. His arm hurts.*" „*He is ill. He has a headache.*" „*He is ill. He has a toothache.*" „*He is ill. He has an/a terrible earache.*" „*He is ill. He has a cold.*" Nach diesem Schema benennt er nach und nach weitere Körperteile. L. fordert SuS auf nacheinander die genannten schmerzenden Stellen mit einem Pflaster zu versehen.	S. bekommt ein Pflaster und klebt es auf das Bein bzw. die entsprechenden Körperteile des Männchens.	Tafelmännchen, Pflaster	Auch möglich: *He has got a toothache/headache*
Entspannungsphase	L. singt gemeinsam mit den SuS ein bekanntes Lied, z. B. *Head and shoulders.*	SuS singen.	Lied	

2. Mein Körper

Phasen	Lehrer	Schüler	Medien	Bemerkungen
Übungsphase	L. heftet die Bildkarten an die Tafel und bezeichnet die einzelnen Darstellungen der Krankheiten. Nach seinen Vorgaben lässt er die SuS unterschiedliche Reihenfolgen bilden. Oder L. lässt sich die beschriebenen Bilder in Form eines Wettspieles zeigen.	SuS bilden Reihen nach Vorgabe bzw. zeigen das richtige Bild.	Bildkarten	
Sprechphase (Chorsprechen)	L. zeigt auf eines der Bilder und spricht den zugehörigen Satz, ohne dabei das Körperteil zu nennen. Diese Lücke wird von den SuS gefüllt. L. „XY is ill. His/Her ... hurts."	SuS sprechen gemeinsam die bekannten Körperteile an entsprechender Stelle. z. B. ... *leg!*		
Abschlussphase	L. spielt *Simon says* mit den SuS, ein Spiel auf der Ebene des rezeptiven Vermögens.	SuS spielen.	Spiel	Die Spielanleitung findet sich in der Spielesammlung.

2. Mein Körper

2. Mein Körper

Stundenthema: Bedürfnisse äußern	Empfohlenes Lernjahr: Klasse 1/2
Neues Wortmaterial/Strukturen: *thirsty, hungry, warm, cold, (I need to go to the toilet/bathroom)* **Benötigte Medien:** Handpuppe, Bilder, Bewegungsreim	**Notwendiges Vorwissen:** How are you?, Not so good.

Phasen	Lehrer	Schüler	Medien	Bemerkungen
Einstieg	Begrüßungsritual			Siehe vorangestellte Bemerkungen.
Wiederholung TPR	L. erteilt den SuS Anweisungen, die sie im Klassenzimmer ausführen. *„Open the door! Close the door! Turn off the light! Turn on the light! Open the window! Close the window! Stand up! Sit down!"*	SuS befolgen die Anweisungen.		In dieser Phase können alle Anweisungen, die der Klasse bekannt sind, wiederholt werden.
Präsentation	L. stellt die Handpuppe Mary vor und spielt mit ihr einen Dialog vor, in welchem die verschiedenen Bedürfnisse vorgemacht und durch Gestik dargestellt werden: L. *„Hello Mary. How are you?"* M. *„Ah, not so good!"* L. *„Why?"* M. *„I am thirsty!"* L. *„Ah, you are thirsty!"* (L. setzt Gestik ein.) M. *„Yes, I am thirsty and I am warm!"* L. *„You are warm, too?"* M. *„Yes, I am warm./Yes, I got warm."* L. *„You are warm and you are thirsty."* M. *„Yes. And how are you?"* L. *„Me? I am cold!"* (Gestik) M. *„Ah, you are cold!"* L. *„Yes, I am cold and I am hungry."* M. *„Oh really! You are cold and you are hungry."* L. *„Yes, I am hungry!"*	SuS hören zu und verbinden das Gehörte mit den Gesten.	Handpuppe	Zu allen Äußerungen müssen eindeutige Gesten gemacht werden, auch bei der Wiederholung.

Phasen	Lehrer	Schüler	Medien	Bemerkungen
Wiederholung Wortmaterial	L. lässt Mary Bedürfnisse äußern und macht die entsprechende Gestik dazu. Er fordert die SuS auf, das passende Bild an die Tafel zu heften. Nach mehrmaliger Wiederholung gibt L. Mary einen Becher Wasser. Öffnet das Fenster, damit sie keinen Durst mehr zu haben braucht und es im Raum kühler wird. L. kommentiert sein Handeln. Dann verabschiedet L. Mary und packt sie weg.	SuS heften die Bilder an die Tafel.	Bilder zu den einzelnen Bedürfnissen	
Entspannungsphase	L. spricht den Bewegungsreim: *Move around* mit den SuS.	SuS sprechen mit und bewegen sich entsprechend dazu.	Bewegungsreim	Es kann auch jeder andere bekannte Reim eingesetzt werden.
TPR-Phase Vertiefung	L. bittet je zwei SuS an die Tafel, äußert ein Bedürfnis, der eine S. macht dazu die Gestik, der andere zeigt das Bild. Nach einigen Durchläufen bittet L. die SuS, ihm beim Aufräumen zu helfen: L. *„I am cold. Show me the picture! Give me the picture, please. Thank you"* usw.	SuS machen die entsprechende Gestik und zeigen auf das Bild an der Tafel.	Bilder an der Tafel	SuS, die dazu bereit sind, können auch mitsprechen oder nachsprechen.

Bewegungsreim: *Move around*

Bend your body, touch your toes.
Stand erect and touch your nose.
Turn your head first left – then right.
Put your arms now to one side.
Wave your hands then touch your knee.
Then sit down and count to three.
One, two, three.

2. Mein Körper

Stundenthema: Meine Familie: *My Family* — Empfohlenes Lernjahr: Klasse 1/2

Neues Wortmaterial/Strukturen:
sister, brother, mother, father, grandmother, grandfather (eventuell auch mum, dad)

Benötigte Medien:
Befindlichkeitsschieber, Lied, Bilder der Familienmitglieder, Reim

Notwendiges Vorwissen:
Einige Kleidungsstücke, Farben

Phasen	Lehrer	Schüler	Medien	Bemerkungen
Einstieg	Begrüßungsritual			Siehe vorangestellte Erläuterungen.
Motivation	L. singt mit SuS das Lied „*What's your name?*" Danach initiiert L. das Ritual: „*How are you?*"	SuS singen und spielen mit.	Lied Befindlichkeitsschieber	
Präsentation	L. stellt nun zunächst ein Mädchen vor, dann ihren Vater, Mutter, Bruder. Dabei werden die entsprechenden Bilder sukzessive als Stammbaum angeheftet. „*This is Lindsay. She has a brother. His name is Eric. Lindsay is the sister of Eric. Lindsay and Eric have parents: mother and father. This is the mother of Lindsay and Eric. This is the father of Lindsay and Eric.*" (Oder: „*This is Lindsay's and Eric's father.*") L. wiederholt: „*This is Lindsay and her brother Eric. This is the mother and this is the father of Lindsay. This is Eric and his sister Lindsay.*"	SuS erkennen, dass es sich um eine Familie handelt.	Bilder der Familienmitglieder	
Wiederholung Wortmaterial	L. lässt SuS die Familienmitglieder zeigen: „*Show me Lindsay. Show me the mother/the sister/the father ... of Lindsay. Show me Eric, ...*"	SuS zeigen die entsprechenden Bilder.	Bilder der Familienmitglieder	

3. Familie und Freunde

Phasen	Lehrer	Schüler	Medien	Bemerkungen
Präsentation	L. sollte auf die gleiche Weise *grandfather* und *grandmother* einführen.	SuS zeigen die entsprechenden Bilder.	Bilder der Familienmitglieder	
TPR-Phase	L. lässt SuS die Kleidung der Familie anmalen: „*Colour Eric's pullover red. Colour the father's tie blue. Colour Lindsay's t-shirt yellow. Colour the mother's dress orange, etc.*"	SuS malen die Kleidung nach Vorgabe an.	Bilder der Familienmitglieder	
Entspannungsphase	L. spricht mit SuS den Reim *The Itsy Bitsy Spider*.	SuS sprechen den Reim.	Reim	
Vertiefung	L. stellt Fragen zu den Familienmitgliedern: „*Who is wearing a tie/a hat/a necklace/eye glasses …?*" L. teilt die Arbeitsblätter aus und gibt Anweisungen, wie die Personen und die Kleidungsstücke anzumalen sind.	SuS zeigen die entsprechende Person und antworten: „*(This is) the father/the mother …*" SuS hören zu. S. malt die Personen auf dem Arbeitsblatt an und macht Vorschläge.	Arbeitsblatt	
Hausaufgabe	SuS sollen Fotos ihrer eigenen Familie mitbringen oder ein Familienmitglied zeichnen.			Anhand der Fotos kann der Einstieg und die Vertiefung in der Folgestunde gestaltet werden.

Reim:
The Itsy Bitsy Spider

The itsy bitsy spider went up the water spout,
Down came the rain and washed the spider out.
Out came the sun that dried up all the rain,
And the itsy bitsy spider went up the spout again.

Bildkarten:

Mögliche Vorlage für einen Befindlichkeitsschieber:

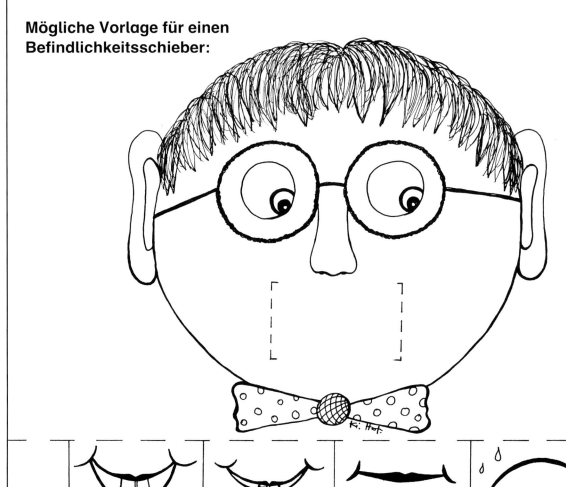

3. Familie und Freunde

Stundenthema: Meine Freunde: *My friends*		Empfohlenes Lernjahr: Klasse 1/2	
Neues Wortmaterial/Strukturen: *friend, friends, ... name is ..., Who is that?* **Benötigte Medien:** Bilder der Familienmitglieder, Lied, gemalte Bilder der SuS, Bilder der Freunde		**Notwendiges Vorwissen:** Das Wortfeld „My family" muss bekannt sein.	

Phasen	Lehrer	Schüler	Medien	Bemerkungen
Einstieg	Begrüßungsritual			Siehe vorangestellte Erläuterungen.
Wiederholung	L. heftet Bilder einer Familie ungeordnet an die Tafel. Er bittet SuS, bestimmte Familienmitglieder zu zeigen und an die andere Tafelseite zu heften. Dabei achtet er darauf, dass jetzt ein geordneter Stammbaum entsteht. L.: „*Show me the mother. Very good, that is the mother. Take the picture and put it here.*" (L. zeigt S. die richtige Stelle.)	SuS zeigen die entsprechenden Bilder und heften sie an.	Bilder aller Familienmitglieder	Nach Möglichkeit sollte dieselbe Familie verwendet werden, die schon bei der Einführung von *My family* vorgestellt wurde, um den SuS die Reaktivierung der dort gelernten Vokabeln zu erleichtern.
Präsentation	Nachdem die ganzen Bezeichnungen auf diese Art wiederholt wurden, stellt der L. mit Hilfe der weiteren Bilder Freunde der beiden Kinder vor. L. zeigt die Freunde: „*This is the family of Lindsay/Lindsay's family. Lindsay has also got friends! Look at this girl. Her name is Jessica. She is a friend of Lindsay.*" (L. zeigt das Bild und heftet es neben das Bild von Lindsay.) L. heftet das Bild von Laura neben das Bild von Eric: „*This is Laura. She is a friend of Eric.*" L. heftet das Bild von Tom neben das Bild von Eric: „*And this is Tom. He is a friend of Eric.*" L. heftet das Bild von Paul neben Lindsay: „*And this is Paul. He is a friend of Lindsay.*"	SuS hören zu und arbeiten nach Aufforderung von L. mit.	Bilder der Familie und von vier Freunden der Kinder.	

Phasen	Lehrer	Schüler	Medien	Bemerkungen
Wiederholung Wortmaterial	L. lässt SuS die Freunde zeigen: „Show me Jessica, the friend of Lindsay." „Show me Tom, the friend of Eric." „Show me the friend of Eric/of Lindsay." L. zeigt auf einen S. und fragt: „Who is this?" L.: „Whose friend is this?" (S. antwortet.) L. bestätigt: „Yes, this is the friend of …"	SuS zeigen die entsprechenden Bilder. SuS antworten: „This is … (the friend of …)."		
Entspannungsphase	L. singt mit SuS das Lied Ten in a bed	SuS singen mit.	Lied	Auch jedes andere bekannte Lied kann gesungen werden.
Wiederholung	L. lässt alle SuS sich selbst mit einem guten Freund/einer Freundin malen. Dann stellen alle ihre Freunde vor. L. fragt: „Who is this?"	SuS stellen ihre Freunde vor. SuS antworten: „This is …, my friend."	Gemalte Bilder der SuS.	

3. Familie und Freunde

Bildkarten:

Stundenthema: Meine Spielsachen: My Toys

Empfohlenes Lernjahr: Klasse 1/2

Neues Wortmaterial/Strukturen:
teddy bear, train, plane, doll, car, ball, kite

Benötigte Medien:
Befindlichkeitsschieber, zwei Körbe mit oben genannten Spielsachen, Hand- oder Fingerpuppe, Lied, Bildkarten, Reim, Arbeitsblatt

Notwendiges Vorwissen:
Farben, Klassenzimmersprache

Phasen	Lehrer	Schüler	Medien	Bemerkungen
Einstieg	Begrüßungsritual			Siehe vorangestellte Erläuterungen.
Motivation	L. heftet den Befindlichkeitsschieber an die Tafel und fragt die SuS nach ihrem Befinden: L.: „*How are you?*" L. versprachlicht die nonverbale Antwort der SuS. L.: „*Ah, you are fine/happy/sad.*" L. befragt einige SuS und entfernt den Befindlichkeitsschieber, um diese Phase zu beenden.	Einige SuS kommen nach vorn und zeigen auf das für sie zutreffende Symbol. Eventuell sprechen einige SuS bereits nach.	Befindlichkeitsschieber	
Demonstration	L. lässt einen Sitzkreis bilden: „*Make a circle!*" L. hat zwei abgedeckte Körbe und eine Hand- oder Fingerpuppe, *Jacob*, dabei. J.: „*What do you have in your basket?*" L.: „*It is a teddy bear. Do you like the teddy bear?*" J.: „*Yes, I like the teddy bear. I have a teddy bear, too.*" (holt Teddy aus seinem Korb heraus) Die anderen Vokabeln werden auf die gleiche Weise bearbeitet.	SuS setzen sich in den Sitzkreis und beobachten den Dialog zwischen L. und Handpuppe.	• zwei Körbe mit oben genanntem Spielzeug (je einen Korb für L. und einen für die Handpuppe). • Hand- oder Fingerpuppe	Semantisierung der neuen Vokabeln in einer konkreten Situation.
TPR-Phase	L. fordert SuS auf, mit den Spielsachen zu handeln. L.: „*X take the teddy bear and give the teddy bear to Y!*" „*X take the train and give the train to Z!*"	SuS zeigen ihr Hörverstehen durch Ausführen der entsprechenden Handlungen.	Spielsachen oder Bildkarten	SuS haben Gelegenheit, sich zu bewegen und ihre Hypothesen bezüglich der neuen Vokabeln zu

4. Meine Spielsachen

Phasen	Lehrer	Schüler	Medien	Bemerkungen
	„X take the plane and put the plane on the chair!" „X take the doll and put the doll in the middle of the circle!" „X take the kite and give the kite to Y!" Zum Abschluss dieser Phase lässt L. alle Spielsachen wieder einzeln in den Korb legen. Er fordert dazu auf Englisch auf: L.: „Take the teddy bear and put the teddy bear back into the basket!"			bestätigen oder zu verwerfen.
Auflockerung	L. stimmt mit den SuS ein bekanntes Lied an, z. B. *Ten in a bed.* Sitzkreis wird aufgelöst. L.: „Go back to your seat!"	SuS singen mit. SuS gehen zurück an ihren Platz.	Lied	Im Anfangsunterricht sind Bewegungslieder und -reime besonders geeignet, um den SuS Auflockerung und Entspannung zu verschaffen.
Festigung	L. heftet Bildkarten mit den eingeführten Spielsachen an die Tafel und fordert die SuS auf, bestimmte Spielsachen zu zeigen. L.: „*Show me ...!*" Nach jeder Bildkarte spricht der L. die Vokabel vor und bittet die SuS nachzusprechen, ohne sie aber dazu zu zwingen.	SuS zeigen auf entsprechende Bildkarten. SuS sprechen nach (im Chor, einzeln, laut, leise …).	Bildkarten an der Tafel	
Auflockerung	L. spricht mit den SuS den Bewegungsreim *I put my arms up high.*	SuS sprechen den Reim und bewegen sich dazu.	Bewegungsreim	
Vertiefung	L. verteilt ein Arbeitsblatt an die SuS. → *Cut-out-Verfahren*	SuS schneiden die Bilder aus, die nicht zu den Spielsachen gehören. → *Cut-out-Verfahren*	Arbeitsblatt	

Phasen	Lehrer	Schüler	Medien	Bemerkungen
	Gemeinsam werden, der englischen Anweisung des Lehrers folgend, solche Bilder, die keine Spielsachen darstellen, von der Randbestückung ausgeschnitten und entfernt: L.: „*Look at my toys! But, what is this? A table? That is not a toy. Cut out the table!*"			

- Als Fortsetzung bietet sich die nachfolgende Unterrichtssequenz „*I like/I do not like*" an.

Bewegungsreim:
I put my arms up high

Die passenden Bewegungen zu dem Reim ausführen.

I put my arms up high,
I put my arms down low,
I put my arms real stiff,
then I let them go.

First I swing like this,
then I swing like that.
Then I make my arms real round,
then I make them flat.

4. Meine Spielsachen

4. Meine Spielsachen

Bildkarten zu Arbeitsblatt 2:

  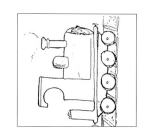

 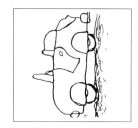 

Bildkarten zu Arbeitsblatt 1:

  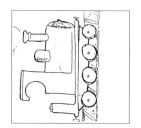

 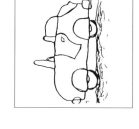 

4. Meine Spielsachen

Stundenthema: *I like/I do not like*	Empfohlenes Lernjahr: Klasse 1/2
Neues Wortmaterial/Strukturen: *like, do not like, plane, ball, dog, kite, doll, train, car, teddy bear* **Benötigte Medien:** Spielsachen: Auto, Flugzeug, Bär, Hund, Ball, Zug, Puppe, Tasche, Bildkarten, Arbeitsblatt.	**Notwendiges Vorwissen:** keines

Phasen	Lehrer	Schüler	Medien	Bemerkungen
Einstieg	Begrüßungsritual			Siehe vorangestellte Bemerkungen.
Motivation	L. lässt SuS aus einer Tasche Spielsachen auspacken und benennt diese.	SuS sehen die Spielsachen und hören die englischen Bezeichnungen.	Tasche mit Spielsachen	(Chorsprechen ist hier gut möglich.) Nach 3–4 präsentierten Spielsachen sollten erst diese wiederholt werden, bevor weitere eingeführt werden.
Vertiefung	L. gibt Anweisungen, was die SuS mit den Spielsachen machen sollen. „*Give xy to …! Put the … on the table/under the chair! Where is the …?*"	SuS befolgen die Anweisungen.	Spielsachen	
TPR-Phase I	L. arbeitet mit Tafelbild (s. Anhang): L. macht durch Mimik deutlich, ob die „Kinder" das jeweilige Spielzeug mögen oder nicht. SuS heften die Bildkarten aus der Mitte entsprechend an. „*I like…/I do not like…*" Dann dürfen einzelne S. zur Tafel kommen und entsprechend bei Mädchen/Junge anheften, was sie mögen und was nicht.	SuS ordnen die Bildkarten dem Mädchen oder Jungen an der Tafel zu.	Bildkarten, Bildkarten „Kinder": Mädchen und Junge	SuS haben Freude an solchen Phasen und es entsteht ein Anlass, viele Sätze nach dem Grundmuster vorzusprechen.

4. Meine Spielsachen

Phasen	Lehrer	Schüler	Medien	Bemerkungen
TPR-Phase II	L. fordert SuS auf, die Spielsachen wieder in die Tasche zu packen. „Put the … in the bag!"	SuS packen die Spielsachen in die Tasche.	Tasche, Spielsachen	
Abschluss	L. lässt das AB bearbeiten. Er nennt die Farben der Spielsachen, die SuS malen sie entsprechend an. *The car is red./The plane is yellow.* L. kommentiert und lobt auf Englisch.	SuS bearbeiten das Arbeitsblatt. Einzelne Kinder stellen ihre Arbeiten vor.	Arbeitsblatt	Diese Aufgabe ist als Farbendiktat gedacht, der Lehrer sollte deshalb darauf achten, dass die SuS ihr AB tatsächlich in den verlangten Farben ausmalen. Dazu kann er z. B. die Arbeitsblätter einsammeln.

Tafelbild:

Zeichnung von einem Jungen

Zeichnung von einem Mädchen

4. Meine Spielsachen

Bildkarten/Arbeitsblatt:

5. Tiere

Stundenthema: Tiere auf dem Bauernhof: *Farm Animals*	Empfohlenes Lernjahr: Klasse 1/2
Neues Wortmaterial/Strukturen: *mouse, sheep, cow, duck, cat, pig, dog, pony, animals* **Benötigte Medien:** Kuscheltiere bzw. Bildkarten von Tieren, vier Plakate	**Notwendiges Vorwissen:** *I am …, I'm …, I'm not …* Noten und Text des Liedes *Old MacDonald* sollten bekannt sein.

Phasen	Lehrer	Schüler	Medien	Bemerkungen
Einstieg	Begrüßungsritual			Siehe vorangestellte Bemerkungen.
Motivation	L. stellt einen Karton mit allen Kuscheltieren außer der Maus auf einen Tisch und lässt die SuS die Tiere einzeln herausholen. Dabei nennt er die Tiernamen. L.: „*Look, this is a sheep, a cow … .*" „*Hello sheep, … !*" L. zeigt dabei deutlich die Tiere. Die vorgestellten Tiere setzt er auf einen anderen Tisch. L. zeigt auf alle Tiere und führt die Vokabel *animals* ein: L.: „*Look, this is an animal and this is an animal, those are all animals.*" Die Tiere begrüßen sich gegenseitig: L.: „*Hi, sheep!*" L.: „*How do you do, dog?*"	SuS kommen vor und holen die Tiere aus dem Karton und zeigen sie der Klasse.	Kuscheltiere Bildkarten	Wenn keine Kuscheltiere zur Verfügung stehen, können auch Bildkarten für die Geschichte verwendet werden.
Präsentation	L. stellt die Maus vor, ohne ihren Tiernamen zu nennen. Er führt mit allen anderen Tieren die Geschichte von der Maus vor, die nicht wusste, was für ein Tier sie ist. Maus: „*Hello children, I'm an animal! Am I a cow? Am I a cat?*" (L. imitiert jeweilige Tierlaute) „*I don't know!*" (L. bringt jetzt ein anderes Tier ins Spiel:) Kuh: „*Hello!*" Maus: „*Oh, hello! Are you an animal?*"	SuS hören zu und verbinden die Tiernamen mit den vorgestellten Tieren. Spontanäußerungen sind möglich. Wiederholen der Tierlaute, Mitsprechen von *hello, no, goodbye* usw.)	Kuscheltiere Bildkarten	Mimik und Gestik des Lehrers sind wichtig!

Phasen	Lehrer	Schüler	Medien	Bemerkungen
	Kuh: „Yes, I'm a cow, and you?" Maus: „I don't know! Maybe I'm a cow, too." (piepiges Mouh!!!) Kuh: „No, you aren't! Goodbye!" Maus: „Goodbye cow, I'm so sad! Well, I'm not a cow, but I'm an animal!" L. setzt die Kuh auf einen anderen Tisch, nicht zu den restlichen Tieren und spielt den gleichen Dialog mit einem anderen Tier durch, bis die Maus alle Tiere kennen gelernt hat. Am Ende holt er eine zweite Maus hervor, die die erste Maus trifft. 1. Maus: „Hello! Are you an animal?" 2. Maus: „Yes, I'm a mouse, like you. Look at you, you are a mouse, too." 1. Maus: „I'm a mouse?" 2. Maus: „Yes, you are a mouse!" 1. Maus: „Oh, I'm so happy! I am a mouse, I'm a mouse!"			
TPR-Phase	L. teilt SuS Bildkarten mit den Tieren aus der Geschichte aus und erteilt Arbeitsanweisungen: L.: „Everybody who has got a pig, stand up and show me your picture! Let's put all the nice pigs on the tables (etc.)!" L. macht mehrere Durchgänge, so dass alle SuS drankommen, dann lässt er die Tiere unter die Tische legen: L.: „The animals are tired now, they want to sleep. Please put the pictures under your tables."		Bildkarten	
Vertiefung (Eventuell erst in der Folgestunde)	L. heftet vier typische Bauernhofbereiche an die Tafel und führt die entsprechenden Wörter ein. L.: „This is a pond, a farmhouse, a stable, a pasture." Er fordert die SuS auf, ihre Tiere richtig zuzuordnen und macht ein Beispiel vor: L.: „Look, this is a dog. The dog lives in the farmhouse." L. heftet den Hund auf das richtige Plakat. Weitere Tiere werden entsprechend zugeordnet.	SuS heften ihre Tiere auf das entsprechende Plakat an der Tafel.	Vier Plakate, Bildkarten	Diese Übung kann autokorrektiv gestaltet werden, indem man den Plakaten und den dazugehörenden Bildkarten einen Rand in der gleichen Farbe gibt.

5. Tiere

Phasen	Lehrer	Schüler	Medien	Bemerkungen
Song	L. singt die erste Strophe von *Old Mac Donald* vor. L. fordert die SuS auf, mitzusingen.	SuS singen mit.	Song: *Old Mac Donald*	
Vertiefung	L. lässt SuS jeweils ein Tier aller Tierarten auf eine freie Tafelseite heften, so dass die Tiere untereinander angeordnet sind. L.: „*Take the cow and stick the picture on the blackboard! Take the sheep and stick the picture on the blackboard!*"	SuS heften die genannten Tiere untereinander an die Tafel.	Bildkarten an der Tafel	
	Dann bringt er auf der anderen Tafelseite acht zu den Tieren passende Bilder durcheinander gemischt an. Er spricht Sätze zu den einzelnen Tieren vor. L. fordert die SuS auf, das passende Bild zu finden und daneben zu heften.	SuS zeigen die passenden Bilder und heften sie neben die entsprechenden Tiere.		
	L. wiederholt jetzt die Sätze und zeigt dabei auf die entsprechenden Bilder. L.: „*The cow ... has got milk.*" L.: „*The duck ... likes water.*" L.: „*The sheep ... likes grass.*" L.: „*The dog ... hates cats.*" L.: „*The cat ... catches a mouse.*" L.: „*The pony ... likes sugar.*" L.: „*The pig ... likes mud.*" L.: „*The mouse ... likes cheese.*"	SuS verbinden die Sätze beim Zuhören mit den Bildern.		
	Nachdem die Sätze mehrmals von den SuS gehört wurden, kann der L. Sätze **ohne** die Tiernamen bilden; die SuS müssen dann das richtige Tier nennen. L.: „*An animal who has got milk.*" L. bildet verschiedene Sätze.	SuS nennen die zu erratenden Tiere („*It's a ...*").		
	L. kann auch Nonsense-Sätze bilden und die SuS fragen, ob die Aussage stimmt oder nicht: „*The pony likes cheese. Right or wrong?*"	SuS sagen, ob die Aussage stimmt oder nicht. „*It's right"/„It's wrong!"/ „Yes"/„No!*"		
Alternative	Bewegungseinheit zur Auflockerung des tafelorientierten Arbeitens. (*Walk like a cat/duck etc.*)			

Bildkarten:

6. Das Jahr

Stundenthema: Den Weihnachtsbaum schmücken: *Decorating the Christmas tree*		Empfohlenes Lernjahr: Klasse 1/2	
Neues Wortmaterial/Strukturen: *Christmas tree, angel, garland, glitter ball, candle, star* **Benötigte Medien:** Tafel, Plakat, Bilder, Arbeitsblatt, Reim		**Notwendiges Vorwissen:** Wiederholung: numbers, colours	

Phasen	Lehrer	Schüler	Medien	Bemerkungen
Einstieg	Begrüßungsritual			Siehe vorangestellte Erläuterungen.
Wiederholung TPR-Phase	• L. zählt die SuS durch und wiederholt diesen Vorgang mit einigen freiwilligen SuS. • L. lässt eine bestimmte Anzahl von Punkten an die Tafel zeichnen: „*Colour three red points on the board.*" • Reim: *Ten Little Monkeys* (In jedem Durchgang wird es ein Affe weniger.)	• SuS zählen mit und trauen sich auch, allein zu zählen. • SuS zeigen Hörverstehen durch Anzeichnen der richtigen Anzahl von Punkten (in der richtigen Farbe). • SuS sprechen den Reim mit.	Tafel Reim	
Präsentation und TPR-Phase	L. klappt die Tafel auf, an der das Bild eines ungeschmückten Weihnachtsbaumes hängt. L. zeigt die verschiedenen Dekorationsgegenstände und spricht sie vor. „*This is a candle. Put the candle on the tree.*" „*This is a (red) glitter ball. Put the glitter ball on the tree.*" „*This is an angel. Put the angel on the tree.*" „*This is a star. Put the star on the top.*" „*This is a garland. Put the garland on the tree.*"	SuS sprechen nach: • im Chor • einzeln SuS heften die Dekoration an den Weihnachtsbaum.	Plakat oder Tafelzeichnung: Weihnachtsbaum Bilder: Girlande, Kugel, Stern, Engel, Kerze	

Phasen	Lehrer	Schüler	Medien	Bemerkungen
Übung und Überprüfung der Lernziele	L. verteilt ein Arbeitsblatt mit einem ungeschmückten Tannenbaum und gibt Anweisungen, womit dieser nun zeichnerisch geschmückt werden soll: „Draw 12 red glitter balls." „Draw 3 yellow stars." „Draw 1 blue garland." „Draw 1 white angel."	SuS zeichnen Weihnachtsdekoration auf das Arbeitsblatt.	Arbeitsblatt	Bilderdiktat
Entspannung	Lied: O Christmas tree (Melodie: O Tannenbaum)	SuS singen.		
Festigung TPR-Phase	L. fordert SuS auf, den Baum wieder abzuschmücken. „Take the garland and put the garland back in the box." Weitere Gegenstände werden nach Aufforderung wieder verpackt.	SuS nehmen die Gegenstände ab und wiederholen dabei die neuen Vokabeln.		

Reim: *Ten Little Monkeys*

Ten little monkeys, jumping on the bed.
One fell off and bumped his head.
Mama called the doctor,
And the doctor said, „No more monkeys, jumping on the bed."

Nine little monkeys, jumping on the bed.
One fell off and bumped his head.
Mama called the doctor,
And the doctor said, „No more monkeys, jumping on the bed."

[...]

One little monkey, jumping on the bed.
One fell off and bumped his head.
Mama called the doctor,
And the doctor said, „No more monkeys, jumping on the bed."

6. Das Jahr 55

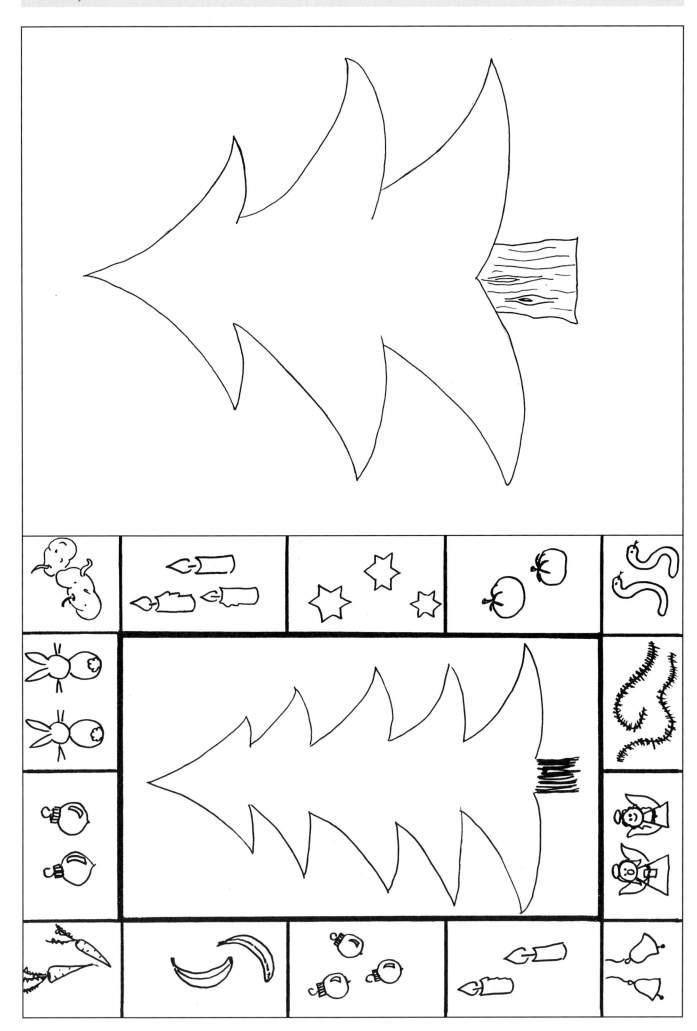

7. Essen und Trinken

Stundenthema: Hörverstehen und Kennenlernen von Nahrungsmitteln: *The very hungry caterpillar*	**Empfohlenes Lernjahr:** Klasse 3
Neues Wortmaterial/Strukturen: *Candy, pudding, cake, sandwich, sausage, hamburger, apple, pizza, chips, ice cream, chocolate, pretzel, cheese, lemon, melon, plum, banana, orange, pear, carrot, cucumber, pea* **Benötigte Medien:** The caterpillar (z. B. aus alten Socken), Bastelanleitung, verschiedene Nahrungsmittel auf Bildkarten	**Notwendiges Vorwissen:** *I am*

Phasen	Lehrer	Schüler	Medien	Bemerkungen
Einstieg	Begrüßungsritual			
Motivation	L. fordert die Schüler auf, sich vorzustellen, sie seien im Theater. Er stellt dann ,the caterpillar' vor: L.: „Hello, I'm the caterpillar!"	SuS hören nur zu.	„The caterpillar"	Siehe vorangestellte Erläuterungen.
Präsentation	L. erzählt die Geschichte der kleinen Raupe, die sich durch verschiedene Nahrungsmittel durchfrisst. Dabei zeigt er jeweils die Bildkarte. L.: „I'm the caterpillar and I'm so hungry! Oh, what is this?" L.: „This is a candy." C.: „Oh, delicious! A candy. May I eat the candy?" L.: „Yes, sure. Eat it!" C.: „Oh, great! Delicious!" L. lässt die Raupe die Nahrungsmittel essen. Er wiederholt genau denselben Dialog mit allen anderen Nahrungsmitteln: z. B. *a pudding, a cake, a sandwich, a sausage, a hamburger.*	SuS hören die Nahrungsmittel und sehen zugleich die entsprechende Bildkarte dazu.	*The caterpillar*, Nahrungsmittel auf Bildkarten	In der Geschichte können auch Farbadjektive, Zahlen und Wochentage gut wiederholt werden.

7. Essen und Trinken

Phasen	Lehrer	Schüler	Medien	Bemerkungen
Wiederholung **Reproduktion**	L. teilt Karten mit den Nahrungsmitteln aus und erteilt den SuS Anweisungen: L.: „*The caterpillar eats a candy!*" L.: „*Show me your candies!*" L.: „*Now put the candy under your desk!*" L.: „*What is it?*" L.: „*A candy!*"	Die SuS zeigen ihre Bildkarten und führen die Anweisung aus. Die SuS sprechen in Kleingruppen nach.	Bildkarten	Vorbereitung: Eine Bildkarte sollte für jeden S. vorhanden sein (Kopie).
TPR-Phase	L. teilt die Klasse in zwei Gruppen ein, die sich vor der Tafel aufstellen. Er nennt einen Begriff, zu dem die ersten zwei SuS, so schnell wie möglich, das passende Bild berühren müssen. Die Gruppe des schnelleren S. bekommt einen Punkt. Der nächste Schüler rückt auf.	Sie berühren schnell die Bilder an der Tafel.	Bildkarten an der Tafel	
Rhythmisierung	L. lässt SuS rhythmische Sequenzen nachsprechen und dabei die entsprechenden Bildkarten hochhalten. Er unterstreicht die Rhythmisierung durch Klatschen. L.: „*candy and candy*" L.: „*candy and cake*" L.: „*cake and cake …*"	SuS sprechen die rhythmischen Sequenzen nach.	Bildkarten	
Weiterführung	Die Geschichte selbst sollte in den Folgestunden mehrfach erzählt werden, den Kindern sollte dabei zunehmend die Möglichkeit gegeben werden, sich nonverbal und verbal zu beteiligen.			Es kann für jeden Schüler ein Caterpillar-Büchlein entstehen.

4. Für die Borsten schneidet man ein ca. 20 cm langes Stück Bast ab. Mit Hilfe einer Nadel fädelt man den Bast in die Socke ein, schneidet etwa 2 cm lange Borsten ab und verknotet die Enden. Dieser Vorgang wird entsprechend der gewünschten Anzahl an Borsten beliebig oft wiederholt.

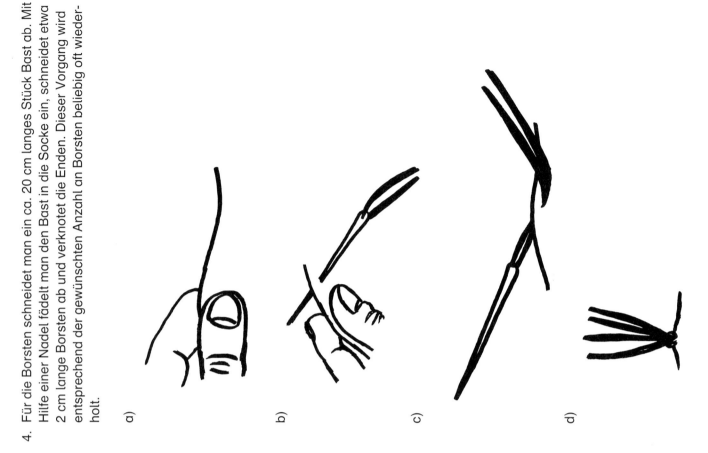

a)

b)

c)

d)

Bastelanleitung Raupe

Benötigte Materialien:

– 1 Socke (Farbe nach Wahl)
– rotes Tonpapier
– 2 Wackelaugen (schwarze Knöpfe oder Tonpapier)
– Bast (Farben nach Wahl)

1. Aus dem Tonpapier wird ein Oval für den Mund ausgeschnitten und an der gestrichelten Linie geknickt.

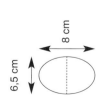

2. Das Oval wird an die Sockenunterseite angeklebt oder angenäht.

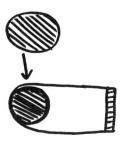

3. Auf der Sockenoberseite werden die Augen angeklebt.

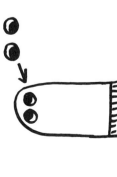

7. Essen und Trinken 59

Bildkarten:

Bildkarten:

8. Jahr und Kalender

Stundenthema: Die Monate: *The Months*

Neues Wortmaterial/Strukturen:
January, February, March, April, May, June, July, August, September, October, November, December, month, months

Benötigte Medien:
Jahreskreis, Bilder der Jahreszeiten, Bilder der Kleidungsstücke, Wortkarten der Monate, Wortkarten der Kleidungsstücke

Empfohlenes Lernjahr: Klasse 3

Notwendiges Vorwissen:
Kleidung, Jahreszeiten

Phasen	Lehrer	Schüler	Medien	Bemerkungen
Einstieg	Begrüßungsritual			Siehe vorangestellte Bemerkungen.
Einstieg/ Wiederholung	L. heftet Bildkarten und einen Jahreskreis an die Tafel. Er fordert die SuS auf, die Karten der entsprechenden Jahreszeit zuzuordnen. Das Thema „*seasons*" kann wiederholt werden.	SuS ordnen die Bilder den Jahreszeiten zu.	Jahreskreis, Bildkarten der Jahreszeiten	Das Schriftbild kann auch auf Wortkarten stehen und zugeordnet werden.
Wiederholung	L. heftet Bildkarten mit Kleidungsstücken und Schriftbild an und fragt die SuS, was sie zu welcher Jahreszeit anziehen: „*What do you wear when it is cold/hot/it rains/it is windy…*" Die SuS ordnen die Kleidung den Jahreszeiten zu: An der Tafel werden vier Spalten angelegt mit den Überschriften: *spring, summer, autumn, winter.* „*In summer I wear …*"	SuS ordnen Kleidungsstücke den Jahreszeiten zu und sagen, was sie anziehen. (Zunächst wird die Kleidung benannt, mit der Zeit der ganze vom L. vorgegebene Satz aufgenommen.) Beispielsatz: S.: „*a t-shirt*" Oder als ganzer Satz: S.: „*In summer I wear a t-shirt.*"	Bildkarten mit Kleidung, Wortkarten der Kleidungsstücke	
Einführung	L. arbeitet wieder mit dem Jahreskreis. Er fragt, welche Jahreszeit und welcher Monat gerade ist und nennt diese auf Englisch. L. lässt einen S. die passende Wortkarte heraussuchen und an die Tafel heften.	SuS sagen spontan die Monate auf Deutsch, der L. nennt den englischen Monatsnamen.	Wortkarten der Monate	

8. Jahr und Kalender

Phasen	Lehrer	Schüler	Medien	Bemerkungen
	z. B. January: „Who can show me the card with the month January on it?"	SuS zeigen den Monat.		
	So wird weiter verfahren bis die 12 Monate an der Tafel geordnet erscheinen.	Gemeinsam wird repetiert. SuS sprechen nach.		
	L. lässt zu allen Monaten die Monatsnamen im Chor sprechen, nachdem er sie mehrmals vorgesprochen hat.			
	Rhythmisiertes Sprechen mit Klatschen oder Klopfen zwischen den einzelnen Monatsnamen bietet sich an.	Die SuS sprechen, klatschen oder klopfen.		
Erarbeitung	L. vertauscht einige Monatsnamen an der Tafel. Er/Sie lässt sie dann in die richtige Reihenfolge bringen und nochmals nachsprechen, in der Reihenfolge und einzeln, bzw. den Jahreszeiten zugeordnet.	SuS ordnen die Monatsnamen und sprechen die Namen nach.	Wortkarten	Der L. kann die Geburtsdaten der S. auf einen kleinen Zettel schreiben lassen. Der L. sammelt sie ein und fragt nach (He/She is born on the eleventh of May). Die S. benennen den Namen des Geburtstagskindes.
Vertiefung	L. gibt Anweisungen zur Bearbeitung: „Cut out the names of the 12 months and glue them in the right order on the paper!"	SuS bearbeiten das Arbeitsblatt. Die Monatsnamen werden ausgeschnitten und in der richtigen Reihenfolge aufgeklebt.	Arbeitsblatt: Jahreskreis mit Monatsnamen	
Hausaufgabe	L. gibt die Hausaufgabe, den Jahreskreis mit passenden Bildchen auszuschmücken und die Monatsnamen in die entsprechende Spalte abzuschreiben.	Das Ergebnis wird vorgestellt. Ein Arbeitsblatt kann aufgehängt werden. Ein Stecker/Reißnagel markiert den aktuellen Monat.	Arbeitsblatt	Tipp: Vergrößert kopiert kann ein Geburtstagskalender daraus entstehen.
Anmerkung	Es ist wichtig, Tag und Datum regelmäßig zu benennen, ab Kl. 3 auch, das Datum auf Englisch an die Tafel zu schreiben bzw. am „Tageskalender" die entsprechenden Wortstreifen anzubringen.			

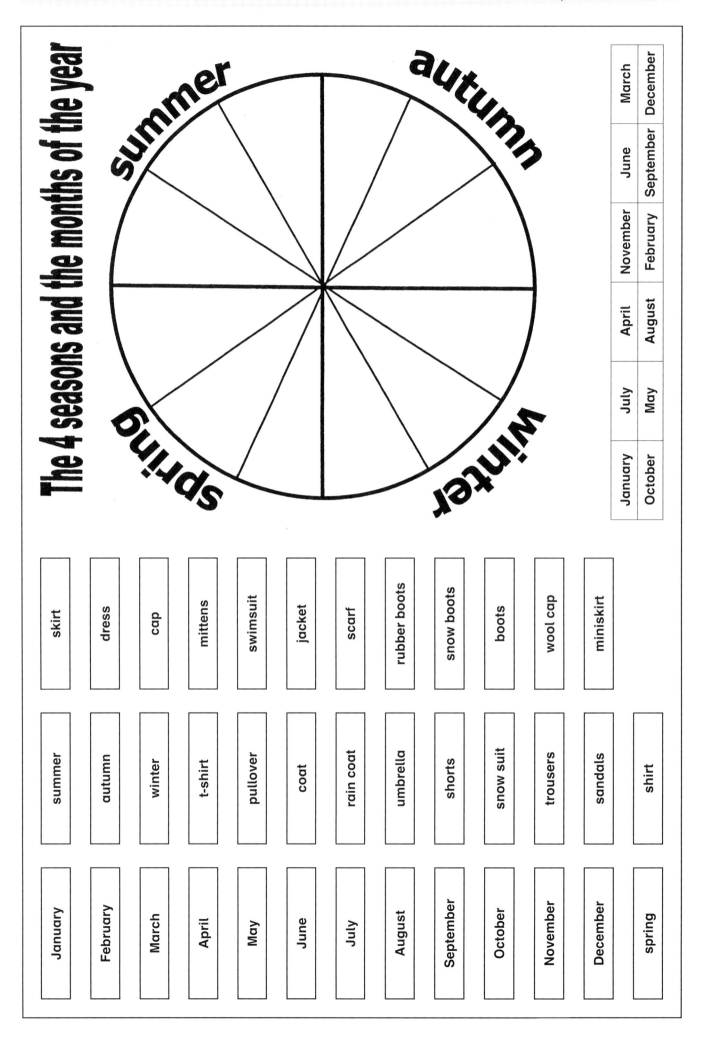

The four seasons

	summer	autumn
	spring	winter

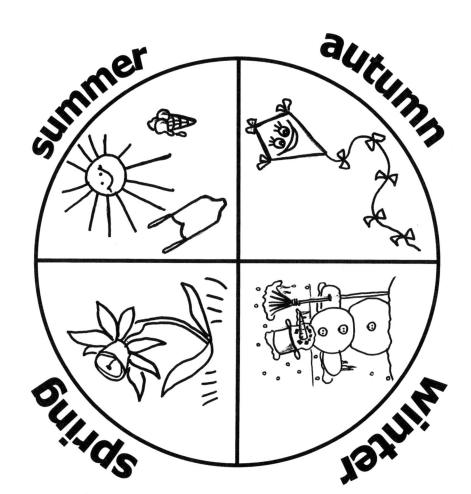

The four seasons

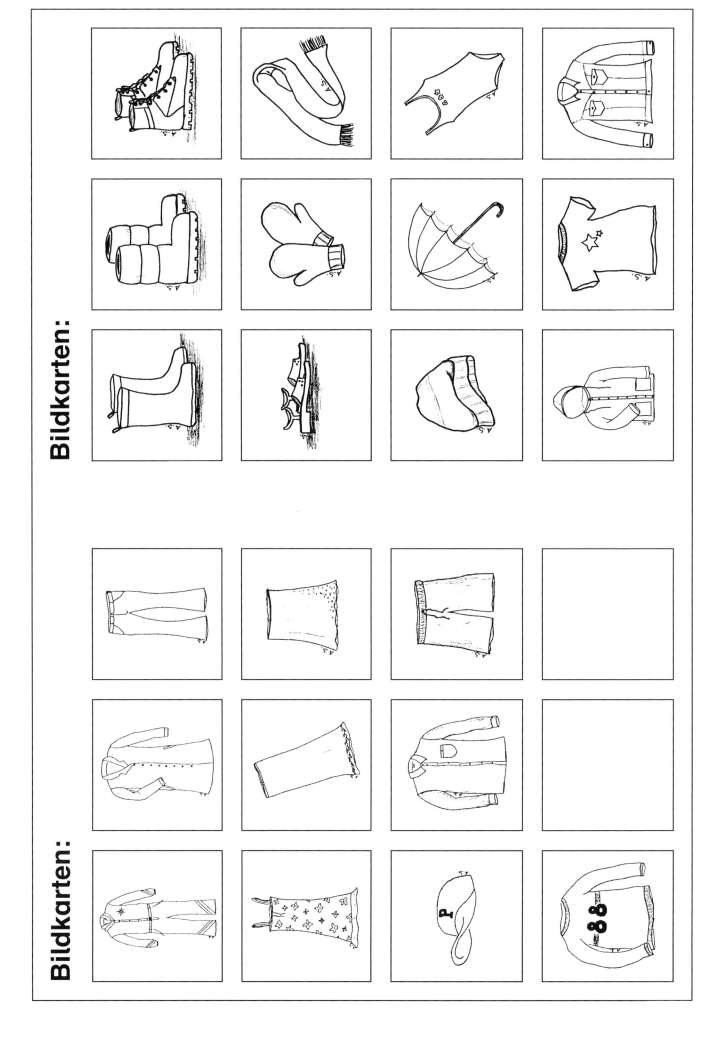

8. Jahr und Kalender

Stundenthema: Sport und Jahreszeiten: *Sports and fun/the seasons*		Empfohlenes Lernjahr: Klasse 3	
Neues Wortmaterial/Strukturen: *in spring, in summer, in autumn, in winter I go skiing. I ride my bike. I go swimming. I fly a kite.* **Benötigte Medien:** Bild- und Wortkarten zu den vier Jahreszeiten, Arbeitsblatt, Satzstreifen		**Notwendiges Vorwissen:** Monate, Jahreszeiten	

Phasen	Lehrer	Schüler	Medien	Bemerkungen
Einstieg	Begrüßungsritual			Siehe vorangestellte Erläuterungen.
Motivation Wiederholung	L. heftet kreisförmig Bildkarten zu den vier Jahreszeiten an die Tafel und wiederholt damit die Jahreszeiten. L. spricht gemeinsam mit den SuS die Jahreszeiten in ihrer Abfolge. Dabei zeigt er die entsprechenden Bildkarten oder lässt sie von einem S. zeigen.	SuS heften Wortkarten unter die Jahreszeitenbilder und benennen sie. SuS sprechen mit und zeigen die entsprechenden Bildkarten.	Bild- und Wortkarten zu den vier Jahreszeiten	
Präsentation	L. geht auf die aktuelle Jahreszeit ein und führt die entsprechenden Freizeitaktivitäten mit Gestik und Mimik ein. „*I go skiing in winter.*" L. lässt SuS die entsprechende Bildkarte an die Tafel heften. L. führt die weiteren Aktivitäten nach dem gleichen Schema ein: „*I ride my bike in spring.*" „*I go swimming in summer.*" „*I fly a kite in autumn.*"	SuS imitieren Mimik und Gestik. SuS heften Bildkarten unter die entsprechende Jahreszeit.	Bildkarten	Bewegungen zu den verschiedenen Aktivitäten erleichtern die Semantisierung.
TPR-Phase	L. bittet zwei S. nach vorn. L. spricht nochmals alle Aktivitäten vor und die SuS sollen diese imitieren.	Zwei SuS stehen Rücken an Rücken und imitieren die entsprechende Aktivität.		SuS zeigen nonverbal ihr Hörverstehen.

8. Jahr und Kalender

Phasen	Lehrer	Schüler	Medien	Bemerkungen
Leseverstehen	L. heftet Satzstreifen durcheinander an die Tafel. I go skiing I go swimming in autumn in spring in winter in summer I fly a kite I ride my bike	SuS bilden korrekte Sätze mit den Satzstreifen.	Satzstreifen	
Reproduktion	L. liest die Sätze laut vor.	SuS sprechen nach: • im Chor • einzeln • laut • leise		
Anwendung	Anschließend bildet der L. Nonsense-Sätze; z. B. „*I go skiing in summer.*"	SuS berichtigen den L. und bilden selbst Nonsense-Sätze. Der L. ermutigt sie, auf ihr Vorwissen zurückzugreifen. Die übrigen SuS reagieren mit Zustimmung: *yes!*, oder sie widersprechen: *no!*		Es kann eine Gesprächskette gebildet werden.
Festigung schriftlich	L. verteilt Arbeitsblatt.	SuS ergänzen Arbeitsblatt, indem sie die richtigen Sätze von der Tafel abschreiben.	Arbeitsblatt	
Festigung mündlich	Memory-Spiel: L. heftet Satzstreifen und Bildkarten durcheinander und umgedreht an die Tafel.	2 SuS kommen nach vorne und spielen Memory (suchen zusammengehörige Bild- und Wortkartenpaare). SuS benennen, was sie aufdecken.	Satzstreifen, Bildkarten	

8. Jahr und Kalender

What do you like doing?

I _____ in _____ .

I _____ in _____ .

I _____ in _____ .

I _____ in _____ .

I go skiing in winter.	in winter.	in spring.
I ride my bike in spring.	in summer.	in autumn.
I go swimming in summer.	I go swimming	I go skiing
I fly a kite in autumn.	I fly a kite	I ride my bike
winter	spring	summer	autumn

8. Jahr und Kalender

spring

summer

Stundenthema: Landeskunde: *On the road* Empfohlenes Lernjahr: Klasse 4

Neues Wortmaterial/Strukturen:
keines

Benötigte Medien:
Overheadfolie von Bildkarte Bus, Koffer mit Gegenständen, Landkarte Großbritannien, Bildkarten Landeskunde, Bildkarte Postkarte, Lied

Notwendiges Vorwissen:
Die Gegenstände aus dem Koffer sollten bekannt sein bzw. in der vorhergehenden Stunde besprochen worden sein.

Phasen	Lehrer	Schüler	Medien	Bemerkungen
Einstieg	Begrüßungsritual			Siehe vorangestellte Erläuterungen.
Motivation	Dally-Klick am Overheadprojektor: Bild vom „typical English bus" L.: „*Can you guess what it is?*" L.: „*What is it in English?*" L. enthüllt das Bild nach und nach.	SuS lösen Dally-Klick. SuS: „*It is a bus!*" SuS zählen auf, wozu man einen Bus braucht und was man alles auf eine Reise mitnimmt.	Overheadprojektor-Folie mit Doppeldeckerbus	
Präsentation	L.: „*Make a circle!*" L. bringt einen Koffer (als Fühlkiste) mit in den Sitzkreis. L. fordert einzelne S. auf: L.: „*Close your eyes!*" L.: „*Get a hold of one object in the suitcase and guess what it is!*"	SuS bilden einen Sitzkreis. SuS ertasten mit geschlossenen Augen, was im Koffer ist und äußern sich dazu auf Englisch: SuS: „*It's a toothbrush, a soap, T-shirt…*"	Koffer mit Gegenständen (Zahnbürste, Seife, T-Shirt)	Sozialform wird geändert: → Sitzkreis
Wiederholung Wortmaterial	L. hält die einzelnen Gegenstände hoch und spricht die Bezeichnungen vor.	SuS sprechen mehrmals im Chor nach, dann auch einzeln. Es kann auch je ein S. 2–3 Objekte zeigen, die von der Gruppe benannt werden. Wer sich dabei besonders einbringt, darf weitere Objekte auswählen und zeigen.	Koffer mit Gegenständen	

9. Unterwegs

Phasen	Lehrer	Schüler	Medien	Bemerkungen
TPR-Phase	L. holt ein Plakat hervor mit dem geographischen Umriss von England, Schottland und Wales. L. erzählt eine Geschichte und lässt dabei den „typical English bus" durch das Land fahren. L. bezieht die Gegenstände aus dem Koffer mit ein. Die falschen Bildkarten werden ausgesondert und erklärt, warum sie nicht passen.	SuS erhalten je eine Bildkarte und bringen sie an der entsprechenden Stelle durch Hochhalten/Benennen an. SuS befestigen den vom L. in der Geschichte erwähnten Gegenstand an der entsprechenden Stelle des Plakates.	Landkarte, Bildkarten, Gegenstände aus dem Koffer, zusätzliche Dinge	Interaktiver Hörverstehenstext mit Bildern zum Abnehmen und Aufkleben auf die Karte. Zusätzliche Bildkarten von Gegenständen, die weder im Koffer noch in der Geschichte vorkommen, quasi als Falle und zusätzliche Herausforderung.
Repetition	L. wiederholt die Geschichte und schafft Leerstellen im Text.	SuS zeigen die Gegenstände bzw. Bildkarten der Gegenstände und füllen die Leerstellen durch zielsprachliche Beiträge.	Gegenstände aus dem Koffer, Bildkarten der Gegenstände	
Entspannung	Gemeinsames Singen eines Liedes.			Lieder aus Liedersammlung nutzen.
Hausaufgabe	L. kommt bei Loch Ness an und bittet die SuS, ihren Eltern/Freunden eine Postkarte von dort zu schicken.	SuS erstellen eine Postkarte mit einem selbst gezeichneten Nessie und unterschreiben den Feriengruß.	Postkarte	
Weiterführung		SuS schreiben je nach Vermögen ein bis zwei Sätze auf ihre Karte. Zuvor wird das Sprachmaterial zur Verfügung gestellt, z. B. als Lerntheke.		

Vorschlag für Geschichte, die vom Lehrer erzählt wird:

On the road in the United Kingdom

We start our trip in London. We go and buy a **ticket for the Underground**. We take the Underground to **Big Ben**. We are hungry and buy some **ice cream**.
The next day, we go to Cardiff, where we look at/visit a nice cathedral.
Then we go to Oxford, where we visit the **University of Oxford**.
We go to Stratford-upon-Avon and read **one of Shakespeare's books**.
We go to Nottingham and walk through **Sherwood Forest**, where **Robin Hood** lived.
We go to Hull, because we want to **swim** in the sea.

Unterwegs in Großbritannien

Wir beginnen unsere Reise in London. Hier kaufen wir eine Karte für die Untergrundbahn. Mit dieser fahren wir zu Big Ben. Wir sind hungrig und kaufen uns Eis. Am nächsten Tag fahren wir weiter nach Cardiff, hier schauen wir uns die schöne Kathedrale an. Es geht nun weiter nach Oxford. Hier besuchen wir die Universität von Oxford.
Unser nächstes Ziel ist Stratford-upon-Avon, hier lesen wir ein Buch von Shakespeare. Wir fahren nach Nottingham und wandern durch Sherwood Forest. Hier lebte Robin Hood.
Schließlich fahren wir nach Hull, da wir gerne im Meer baden wollen.

9. Unterwegs

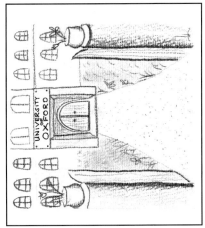
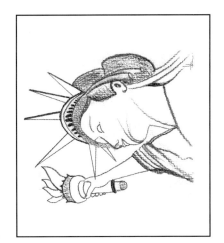
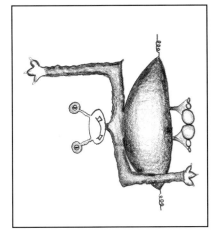
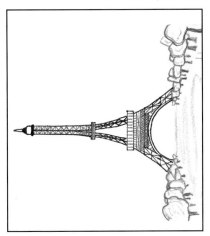

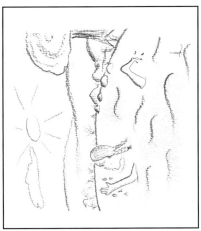
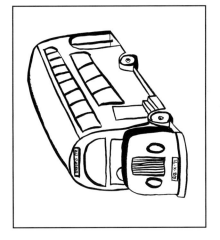

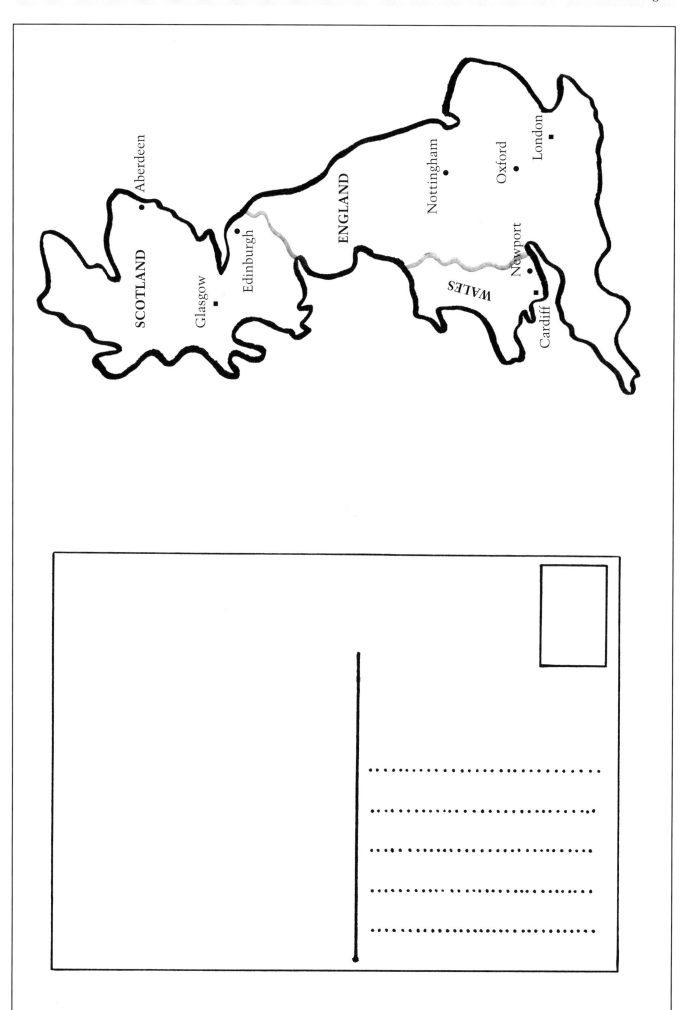

9. Unterwegs

Bastelanleitung:

Bus ausschneiden und nach Bedarf anmalen.
An den gestrichelten Linien knicken.
Mit „x" markierte Flächen sind Klebeflächen.

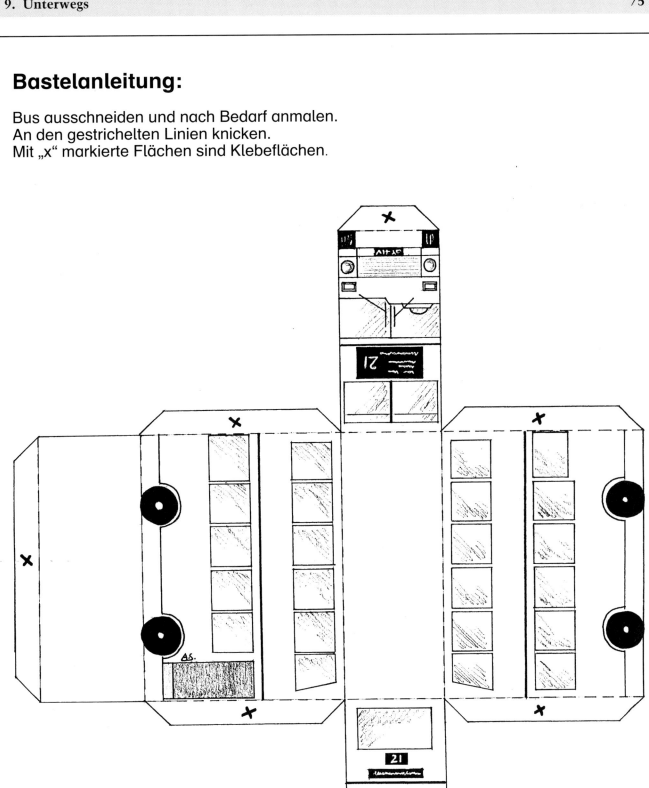

Stundenthema: Unterwegs in Großbritannien: *Discovering Britain*

Empfohlenes Lernjahr: Klasse 4/5

Neues Wortmaterial/Strukturen:
Great Britain, Scotland, England, Wales, Ireland, Northern Ireland, map, kilt, country, doubledecker, queen, singer, monster, island

Benötigte Medien:
Landkarte von Großbritannien in Form eines Puzzles (Kopie von Arbeitsblatt verwenden), Bildkarten, Wortkarten, Kassette mit englischer Nationalhymne, Arbeitsblatt.

Notwendiges Vorwissen:
keines

Phasen	Lehrer	Schüler	Medien	Bemerkungen
Einstieg	Begrüßungsritual			Siehe vorangestellte Erläuterungen.
Motivation	L. heftet 5 Puzzleteile ungeordnet an die Tafel und fordert SuS auf, diese richtig zusammenzusetzen. L.: „This is a map. Is this a map of Germany?" L.: „You're right. It's not a map of Germany, it's a map of Britain."	SuS setzen das Puzzle zusammen. SuS antworten im Chor.	Landkarte von Großbritannien in Form eines Puzzles	Eventuell kann im Atlas nachgeschaut werden.
Erarbeitung	L. heftet die Namen und Flaggen aller Länder entsprechend zur Landkarte. L. ordnet Flaggen und Ländernamen dem jeweiligen Land zu. L. benennt dabei die Länder und zeigt auf die Flaggen. L.: (zeigt) „This country here is Scotland." L.: „Scotland." L.: „Repeat." (gleiches Verfahren mit den restlichen Vokabeln)	SuS suchen die Schriftzüge der Ländernamen und machen Spontanäußerungen. SuS beteiligen sich und benennen die Länder, die sie bereits erkennen (eventuell auf Deutsch). SuS repetieren die Ländernamen.	Bildkarten mit Flaggen oben genannter Länder, Wortkarten mit Namen der oben genannten Länder	Chorsprechen Wichtig: Nordirland gehört zu Großbritannien.
Festigung	L. behauptet, alles richtig zuordnen zu können, macht es aber falsch. L. bittet die Schüler zu helfen.	SuS helfen, alles richtig zuzuordnen.		

9. Unterwegs

Phasen	Lehrer	Schüler	Medien	Bemerkungen
	Dabei wird ständig die Landkarte benutzt und die Bilder (*queen, kilt, ...*) werden zugeordnet: L. stellt Fragen: L.: *„What does the English flag look like?"* L. gibt Nonsense-Beispiele. L.: *„The English flag is red with green spots and a rainbow on it."* L.: *„Nessie, the monster, lives in the Thames. Where does the Queen live? Where does Nessie live?"*	SuS beantworten Fragen und reagieren auf Nonsense-Beispiele.	Landkarte, Bildkarten (Flaggen), Bildkarten mit oben genannten Symbolen, Wortkarten (Länder)	
TPR/ Chorsprechen	L. lässt SuS bestimmte Dinge an der Tafel zeigen und benennen. L.: *Show me Nessie, the monster!* Es können weitere Dinge an der Tafel bestimmt werden. Am Ende werden alle neuen Vokabeln rhythmisiert gesprochen. L. gibt variierend vor.	SuS: *This is Nessie the monster.* SuS sprechen ebenso nach (gemeinsam).	Bildkarten (Symbole), Wortkarten (Länder)	
Entspannung	Es kann eine Runde „frozen ghost" gespielt werden, es kann auch die englische Nationalhymne angehört werden. Möglich wäre auch, mit den jeweils doppelt kopierten Schriftzügen der Ländernamen oder Bildkarten (Flaggen) „Memory" zu spielen.	SuS bewegen sich leise zur Musik, sobald diese stoppt, bleiben die SuS wie eingefroren stehen.	Kassette (englische Nationalhymne), Bildkarten (Symbole), Wortkarten (Länder)	
Vertiefung	L. erklärt das Arbeitsblatt: SuS sollen die leere Karte richtig beschriften und Flaggen mit Pfeilen zuordnen.	SuS bearbeiten das Arbeitsblatt.	Arbeitsblatt	
Hausaufgabe	Das Arbeitsblatt kann zu Hause fertig gestellt werden.			

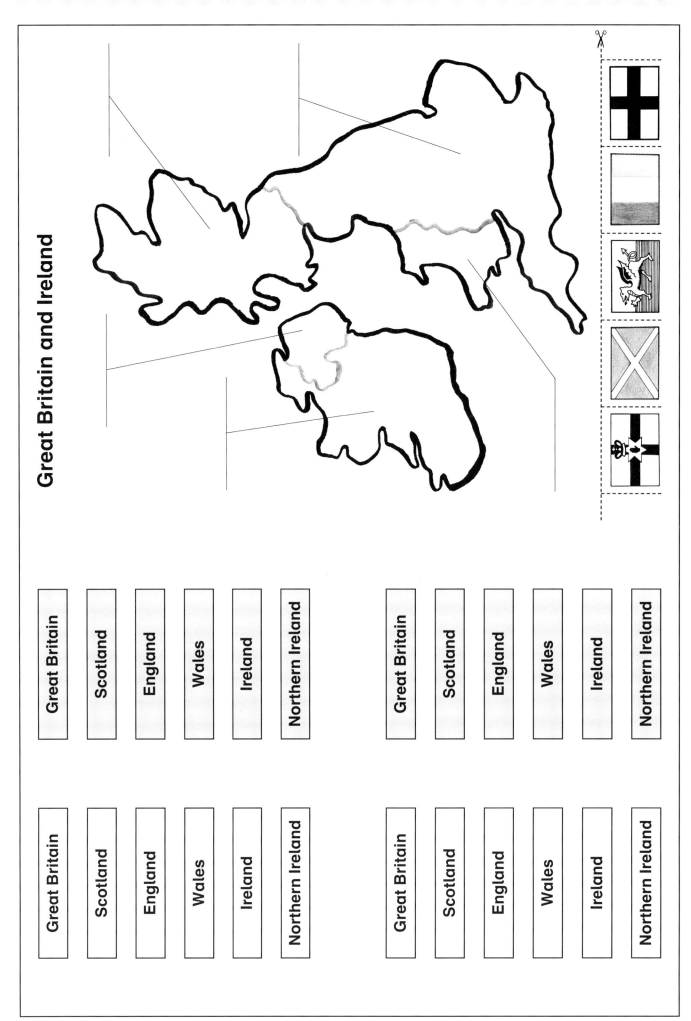

9. Unterwegs

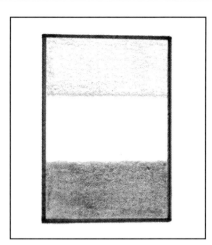

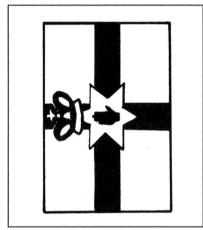
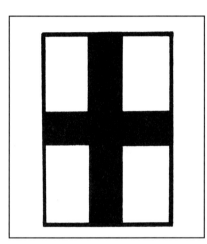

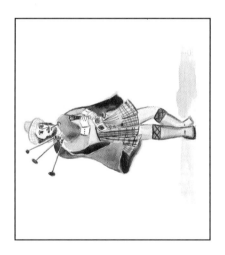

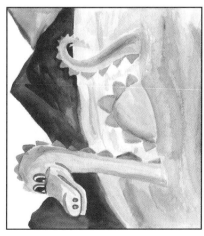

10. Feste feiern

Stundenthema: *Halloween*

Neues Wortmaterial/Strukturen:
sweets, autumn/fall, skeleton, to decorate the house, dressed up people, trick or treat, scary, pumpkin, witch, Jack-o-Lantern

Benötigte Medien:
Arbeitsblatt mit Kreuzworträtsel, Arbeitsblatt Text-Puzzles, Tesa, Tafel, Wäscheklammern, Klebstoff, Scheren, Bastelanleitung

Empfohlenes Lernjahr: ab 4. Schuljahr

Notwendiges Vorwissen:
Infos zu *Halloween* im Internet z. B. unter www.geisterparty.de.
SuS sollten die in den landeskundlichen Texten vorkommenden Vokabeln verstehen können.

Phasen	Lehrer	Schüler	Medien	Bemerkungen
Einstieg	Begrüßungsritual			Siehe vorangestellte Erläuterungen.
Motivation	*Crossword* zum Thema *Halloween*, gemeinsame Kontrolle anhand der Overhead-Folie.	SuS füllen Arbeitsblatt aus.	Arbeitsblatt mit Kreuzworträtsel. Aus dem Lösungswort „Halloween" ergibt sich das Stundenthema.	
Erarbeitung	L.: *„What do you know about Halloween?"* Brainstorming an der Tafel.	SuS erzählen, was sie bereits über *Halloween* wissen (*trick or treat, dressed up people, decorated houses* …). Eventuell Beiträge auf Deutsch, die der L. in die englische Sprache überträgt.	Tafel	Anknüpfen an Vorwissen.
Gruppenarbeit	L. verteilt Text-Puzzles. L. ernennt in jeder Gruppe einen *coach* (= Gruppensprecher). Der *coach* leitet die anderen Gruppenmitglieder an.	SuS setzen Text (mit Klebeband) wieder zusammen und kontrollieren ihr Ergebnis, indem sie den Text umdrehen. Auf der Rückseite ist ein pas-	Text-Puzzle für Gruppen, Tesa, Papier, Stifte	Das Textpuzzle veranlasst SuS zu intensivem Lesen. Die Selbstkontrolle erfolgt durch ein Bild auf der Rückseite. L. bereitet vor der

10. Feste feiern

Phasen	Lehrer	Schüler	Medien	Bemerkungen
		sendes Bild abgedruckt. Die Bearbeitung erfolgt in der Gruppe. Die SuS stellen einen Fragekatalog zum Thema zusammen. Der *coach* jeder Gruppe liest den Text vor. Gemeinsam versuchen die Schüler Antworten auf ihre Fragen zu finden.		Stunde das Puzzle vor. L. klebt Textteile und Bild zur Kontrolle aneinander. Er/Sie kann eigene Textpuzzles entwerfen, die den Leistungsstand der Klasse berücksichtigen. Jeder *coach* soll den anderen SuS bei der Umsetzung behilflich sein.
Produktion	L. bittet die *coaches* die Ergebnisse zu präsentieren. Gemeinsames Ergänzen des Brainstormings und Klärung offener Fragen.	Die *coaches* stellen ihre Ergebnisse der Klasse vor. Die übrigen Gruppenmitglieder helfen beim Tafelanschrieb, Aufrufen usw.		
Fächerübergreifende Umsetzung im Fach Kunst	L. verteilt Bastelanleitungen an die SuS. L. erteilt den SuS den Auftrag mit der Bastelarbeit zu beginnen.	SuS stellen *Halloween*-Dekorationen her (z. B. Hexe, Spinne, Fledermaus …).	Wäscheklammern Klebstoff Scheren	Die gebastelten Dekorationen können entweder mit nach Hause genommen werden oder das Klassenzimmer schmücken.

Material für Text-Puzzles:

Every year on 31st October people in the USA, Great Britain and Ireland celebrate Halloween. The word comes from „All-Hallows-Eve", the evening before „All Hallows Day". Around the 5th century the Celts in Ireland celebrated „Samhain" on 31st October when summer ended and winter began. The legend tells that the dead arise and wander around looking for the living people on Halloween. On these nights people leave their houses and dress up in scary costumes to frighten the dead away. This tradition was brought to America by Irish immigrants around the 1840s.

Walking around on Halloween you can see glowing eyes in the dark. Do not be scared it is probably only another pumpkin with cut out eyes, and a laughing mouth, lightened by a candle from the inside. This kind of pumpkin is called „Jack-o-Lantern" and is supposed to scare ghosts and other scary creatures away.

... that is what people hear when they open their doors on Halloween. Children dressed up as ghosts, witches, skeletons, mummies or other scary figures. They ring the door bell to receive chocolate and other sweets. People believe that these gifts keep the bad creatures away. People „pay" („treat") because they don't want to get tricked by the children.

Huge orange vegetable.

spring, summer, (…), winter.

Children get them when they ring the doorbells.

Scary, spooky fellow, only white bones.

Rides through the night on a broom.

1	2	3	4	5	6	7	8	9
			L					

10. Feste feiern

Material für Text-Puzzles:

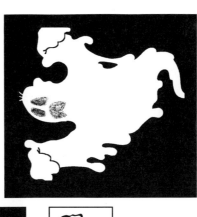

Bastelanleitung Geist

Benötigte Materialien:
- 1 Styroporkugel Durchmesser 7 cm
- weißes Tuch (mindestens 70 cm × 70 cm)
- weiße Schnur oder Bindfaden
- 2 Wackelaugen (schwarze Knöpfe oder Tonpapier)

1. In die Styroporkugel ein Loch für den Zeigefinger bohren.

2. Das weiße Tuch über die Kugel stülpen und knapp unter der Kugel mit dem Bindfaden den Kopf abbinden.

3. Für die Arme den Daumen bzw. den kleinen Finger ausstrecken und mit Bindfaden abbinden.

4. Die Augen an den Kopf ankleben oder annähen.

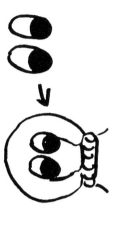

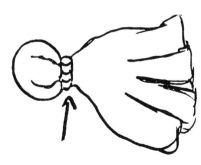

10. Feste feiern

Stundenthema: *Thanksgiving*

Neues Wortmaterial/Strukturen:
Thanksgiving

Benötigte Medien:
Arbeitsblatt, *Thanksgiving*-Symbole, *place-mat*, Tafel (Bsp.), Zeitschriften, Bilder, Folie, Plakatpapier, Scheren, Kleber, Kreide

Empfohlenes Lernjahr: Klasse 4 oder 5

Notwendiges Vorwissen:
SuS sollten den landeskundlichen Text verstehen können (Grobverstehen durch Kenntnis einiger Wörter).

Phasen	Lehrer	Schüler	Medien	Bemerkungen
Einstieg	Begrüßungsritual			Siehe vorangestellte Erläuterungen.
Motivation	Stummer Impuls: L. schreibt den Begriff *Thanksgiving* ohne Vokale (Th_nksg_v_ng) an die Tafel und lässt SuS das Wort herausknobeln. L. bittet die SuS zu sagen, was sie bereits über *Thanksgiving* wissen: L.: *What do you know about Thanksgiving?* L. hilft bei der Rechtschreibung.	SuS äußern spontan, welche Buchstaben ergänzt werden müssen, und halten das Ergebnis an der Tafel fest. SuS sagen, was sie bereits über *Thanksgiving* wissen. SuS übertragen die Antworten an die Tafel.	Tafel Kreide	Mindmap Anknüpfen an Vorwissen.
Erarbeitung I	L. teilt die Klasse in Gruppen ein und verteilt an jede Gruppe das Arbeitsblatt mit Text zum Thema *Thanksgiving*.	Die Gruppen bearbeiten den Text und besprechen sich untereinander.	Arbeitsblatt *Thanksgiving*-Symbole	Es ist möglich, vor Beginn der Stunde und Hereinströmen der Kinder unter die Stühle kopierte *Thanksgiving*-Symbole zu kleben, die von den SuS jetzt entdeckt werden und sie in Gruppen einteilen.
Festigung I	L. bittet die SuS, ihre Ergebnisse vorzutragen und zu vergleichen.	SuS vergleichen ihre Ergebnisse.		

Phasen	Lehrer	Schüler	Medien	Bemerkungen
Erarbeitung II	L.: „*Think about the persons/occasions/things you are thankful for. Make a list!*"	SuS erstellen eine Liste. SuS können eigenes Bild in Vorlage zeichnen.	Arbeitsblatt Hefte bzw. Papier, Stifte	
Festigung II	L. stellt Material für *place-mats* zur Verfügung und erklärt die Herstellung durch ein Beispiel.	SuS schneiden sich Motive aus Zeitschriften aus oder schreiben auf, wofür sie dankbar sind, und fügen ihre Ergebnisse auf dem Plakat zusammen.	*place-mat* (Beispiel) Zeitschriften Bilder Folie Plakatpapier Scheren Kleber	Die *place-mats* werden unter Verwendung verschiedener Materialien als Collagen erarbeitet und anschließend foliert.
Präsentation	L. bittet die SuS, ihre *place-mats* zu zeigen und zu erklären.	SuS zeigen ihre *place-mats* und erklären, wofür sie dankbar sind.	*place-mats*	Diese Arbeiten sollten nicht einfach wieder verschwinden. Sie könnten bei einem *Thanksgiving dinner* wieder verwendet werden.

THANKSGIVING

GESCHICHTE:

Das in heutiger Zeit gefeierte Thanksgiving entwickelte sich aus dem christlichen Erntedankfest der Puritaner. Die Wurzeln dieses Feiertages reichen zurück in die Zeit des kolonialen New England, als die **Pilgrimfathers** im 17. Jahrhundert nach Amerika kamen.

Nach Ansicht der Puritaner war nur das Erntedankfest in der Bibel erwähnt und darum als Feiertag gerechtfertigt. Feste wie etwa Weihnachten oder Ostern hielten sie für von Menschen erfunden und begingen sie daher nicht.

Das angeblich erste Thanksgiving soll im Jahre 1621 stattgefunden haben. Tatsächlich aber war es doch eher ein Erntedankfest im christlichen Sinne, als die Puritaner gemeinsam mit den Indianern für den reichen Erntesegen dankten. Das Thanksgiving-Fest unterscheidet sich vom Erntedankfest u. a. dadurch, dass das Thanksgiving-Fest ein säkulares Fest, zum Gedenken an den Erntesegen und die Hilfe von Seiten der Indianer, geworden ist.

Nach ihrer Landung an der Ostküste Amerikas hatten die **Pilgrimfathers** hart gegen die unwirtliche Natur zu kämpfen. Viele Siedler starben in den ersten Jahren den Hungertod. Nur durch die Hilfe der Indianer, die den Siedlern zeigten, wie sie Gemüse- und Getreidesorten anbauen konnten, überlebten die **Pilgrimfathers.**

Zu Anfang wurde Thanksgiving noch unregelmäßig gefeiert. Inhalt des Festes war immer noch der Dank für die eingebrachte Ernte im Herbst und die Hilfe der Indianer. Das christliche Erntedankfest wurde zwar noch alljährlich im Herbst gefeiert, doch das Thanksgiving wurde mit der Zeit vergessen. Auch die bedeutende Rolle, welche die Indianer gespielt hatten, geriet nach und nach in Vergessenheit.

1777 wurde Thanksgiving vom **Continental Congress** zum ersten nationalen Feiertag Amerikas ausgerufen. Bereits damals verlor der Feiertag mehr und mehr an christlicher Bedeutung und wandelte sich in einen weltlichen Festtag. Zwar besuchten die Menschen nach wie vor den Gottesdienst, jedoch verlagerte sich die Bedeutung in die Familie und auf das Festessen an jenem Tag. Obwohl Thanksgiving ein Nationalfeiertag war, wurde er in Amerika je nach Region zu verschiedenen Zeiten gefeiert.

Erst nach dem Amerikanischen Bürgerkrieg im 19. Jahrhundert gab es Bestrebungen, diesen Feiertag auf ein bestimmtes Datum festzulegen.

Um 1840 hatte sich Thanksgiving in ganz Amerika durchgesetzt. Es war zu einem Familienfest mit dem zentralen Ereignis des **Thanksgiving dinners** geworden. Nach verschiedenen Versuchen, Thanksgiving auf den frühen November oder den späten Dezember festzulegen, entschied Präsident Franklin Roosevelt 1941 den Feiertag auf den vierten Donnerstag im November zu legen (Franksgiving) und so ist es bis heute geblieben.

SYMBOLE:

Zu den typischen Symbolen von Thanksgiving gehört unter anderem der **Truthahn**, der traditionell an diesem Festtag zubereitet wird. Dazu gibt es Gemüsesorten (Mais, Süßkartoffeln auch Preiselbeeren, usw.), welche den Puritanern erst durch die Indianer (Stamm der Wamapanaog) bekannt gemacht wurden.

Neben dem Truthahn ist auch das **Füllhorn** ein typisches Symbol für Thanksgiving. Es steht für die reiche Ernte, welche die Puritaner mit Hilfe der Indianer einfahren konnten.

Ein weiteres Bild, welches uns immer wieder begegnet, ist das **Thanksgiving dinner**, bei dem **Pilgrimfathers & Wamapanaog** gemeinsam den Erntesegen feiern. Diese ursprüngliche und der Wahrheit entsprechende Darstellung war lange Zeit in Vergessenheit geraten, bis sie durch einen Geschichtswissenschaftler im frühen 19. Jahrhundert wiederentdeckt wurde. Vor der Wiederentdeckung hatte sich das Bild der Indianer in jenes des „blutrünstigen Wilden" gewandelt. Inzwischen wird die Darstellung des ersten Thanksgiving, Puritaner und Indianer beim friedlichen Beisammensein, herangezogen, um die Multikulturalität Amerikas von Beginn an zu zeigen.

Natürlich gehören zu Thanksgiving auch alle **Zeichen des Herbstes** (**Indian Summer, Crops, Harvest,** usw).

UNTERRICHTSGESTALTUNG:

Thanksgiving ist ein sehr umfangreiches Thema und lässt sich ohne weiteres mit den Fächern

- Religion (Erntedank)
- Biologie (Gemüseanbau im Schulgarten)
- Haushalt und Technik (Thanksgiving Dinner/Verwertung der angebauten Gemüsesorten)
- Musik (Thanksgiving Songs)
  → http://www.nuttinbutkids.com/thanksgiving.html
- Kunst (Auseinandersetzung mit dem Konflikt zwischen Weißen und den Ureinwohnern Amerikas unter Berücksichtigung der Situation zur Zeit der Puritaner)
  → http://www.indians.org

bilingual und fächerübergreifend umsetzen.

Ziel des Unterrichts soll sein, den Schülerinnen und Schülern einen angelsächsischen Feiertag vorzustellen. Sie sollen erfahren, welche Bedeutung dieser Tag hat, warum er gefeiert wird und wie die Menschen ihn feiern.

THANKSGIVING STORY

Thanksgiving is a time to be „thankful". To be glad for what we have. The Pilgrims and Indians started to celebrate Thanksgiving Day in the 17th century.

The Pilgrims were thankful for the Indians' help in sharing seeds and showing them how to hunt and cook new types of food so they could live in the new land.

Today people often celebrate Thanksgiving by having a big dinner with relatives and friends.

Turkey, vegetables and pumpkin pie are usually served for Thanksgiving dinner because that is what the Pilgrims and Indians had on the first Thanksgiving. They also had fish, venison* and popcorn, too.

* venison = Rehfleisch

1. Think about occasions when you are thankful. Are you thankful for your family or a good friend?
2. Make a list!

Stundenthema: Saint Patrick's Day

Empfohlenes Lernjahr: Klasse 4 oder 5

Informationen per Internet sammeln, Collage erstellen (Landeskunde)

Idee:
Das Thema *Saint Patrick's Day* im bilingualen Unterricht lässt sich fächerübergreifend gut erarbeiten. Die Fächer Religion, Biologie oder Textiles Werken können hier durch Perspektivenwechsel bereichernd mitwirken.

Neues Wortmaterial/Strukturen:
Saint Patrick's Day, Shamrock, Leprechaun, traditional icons

Benötigte Medien:
Computer, Drucker, Wörterbuch, ausgedruckte Papiere, Textpuzzles, Plakat, Stifte, Zeitschriften

Notwendiges Vorwissen:
SuS sollten die, in den landeskundlichen Texten vorkommenden, Vokabeln verstehen können.

In der Schule sollte ein Computerraum vorhanden sein. Die Schüler sollten möglichst Erfahrung mit Internetrecherche haben.

Phasen	Lehrer	Schüler	Medien	Bemerkungen
Einstieg	Begrüßungsritual			Siehe vorangestellte Erläuterungen.
Präsentation	L. hält Säckchen mit Wortkarten bereit. Auf diesen stehen folgende Begriffe: *Saint Patrick's Day, Shamrock, Leprechaun, traditional icons*. Je nach Klassenstärke lassen sich die Suchbegriffe an die Zahl der zu bildenden Gruppen anpassen. L.: *Today is a very special day. Guess why! (It's not Christmas, it's not my birthday,...)*	SuS werden in Gruppen geteilt. Jede Gruppe soll ihren Begriff im Internet per Suchmaschine (z. B. http://www.yahoo.com) finden und anschließend erklären können.	Computer, Drucker oder bereits ausgedruckte Medien, falls kein Computer zur Verfügung stehen sollte. Versierte „Surfer" unter den SuS können im Vorfeld Materialien sammeln und von zu Hause mitbringen.	Bei diesem Thema bietet es sich an, mit dem Computer zu arbeiten, da *Saint Patrick's Day* hauptsächlich im angelsächsischen Raum gefeiert wird und deshalb im deutschsprachigen Raum wenig Informationen zu dem Thema zu finden sind.
Erarbeitung	L. steht den SuS bei der Suche im Internet hilfreich zur Seite. L. regt die SuS an, sich bei der Computerarbeit gegenseitig zu helfen.	SuS suchen im Internet ihre Begriffe und drucken die Ergebnisse aus, lesen die Texte, ver-	Computer Drucker Wörterbuch	Manche SuS haben im Bereich Computer bereits nützliches Vorwissen und

10. Feste feiern

Phasen	Lehrer	Schüler	Medien	Bemerkungen
		wenden das Wörterbuch, wählen passende Stellen aus und fügen diese zusammen. Jede Gruppe erarbeitet einen kleinen Fragekatalog, anhand dessen sie im Anschluss an die Präsentation der Ergebnisse das Verstehen der Mitschüler prüft.		können dieses an andere SuS weitergeben.
Festigung	L. bittet die SuS ihre Ergebnisse in den Gruppen zu besprechen und diese anschließend vorzutragen.	Die Ergebnisse werden in der Gruppe besprochen und schließlich vor der Klasse präsentiert. Im Anschluss: Klärung von Verständnisfragen.	Ausgedruckte Papiere	Erst die Ergebnisse bilden ein Gesamtbild des *Saint Patrick's Day*.
Hausarbeit oder Folgestunde	L. händigt jedem S. ein Textpuzzle aus, welches dieser zusammensetzen soll. Von jeder Sorte wird ein Textpuzzle auf ein großes Plakat aufgebracht.	SuS setzen die Textpuzzles zusammen. In der Folgestunde werden die Texte gelesen und anschließend am Plakat angebracht.	Textpuzzles Plakat	Dies dient der Wiederholung bzw. der Ergänzung der bereits gefundenen Ergebnisse.
Präsentation	L. lässt die SuS das Plakat fertig ausgestalten und stellt hierfür Materialien zur Verfügung.	SuS gestalten das Plakat fertig aus.	Plakat Farbstifte Zeitschriften	Abschließend wird das Plakat im Klassenzimmer oder im Gang aufgehängt. Es ist möglich, eine „Ausstellungseröffnung" vor Eltern oder anderen Klassen durchzuführen.

SAINT PATRICK'S DAY

GESCHICHTE:

St. Patrick wurde 387 n. Chr. als Maewyn Succat in Britannien geboren. Maewyn, Sohn eines Römers, wurde als Sechzehnjähriger entführt und als Sklave nach Irland verkauft. Von dort soll ihm nach sechsjähriger Sklaverei die Flucht nach Tours in Frankreich gelungen sein. Im Kloster St. Martin ließ er sich von Germain de Auxerre zum Priester ausbilden. Im Jahre 431 wurde ihm von Papst (Coelestin) Célestin I. der Name Patricius gegeben und der Auftrag erteilt als Missionar nach Irland zurückzukehren.

Nach Irland zurückgekehrt, erfüllte er seine Aufgabe, die Inselbevölkerung vom Druidentum zum christlichen Glauben zu konvertieren.

St. Patrick starb im Jahre 461 und wurde zum Nationalheiligen der Iren. Traditionell wird St. Patrick's Day am 17. März, seinem Todestag, gefeiert.

In Irland wird dieser Feiertag begangen, indem die Menschen zu heiligen Quellen, Bergen (Croagh Patrick) oder Orten seines Wirkens pilgern. Ein Zeichen für das Zusammenwirken des alten keltischen Glaubens und dem heutigen christlichen Glauben.

Um Irlands Nationalheiligen ranken sich auch viele Legenden, so etwa, dass St. Patrick die Schlangen von der Insel vertrieben haben soll.

Im Laufe der Zeit entwickelte sich aus dem christlichen Feiertag ein weltlicher, der weit über Irland hinaus gefeiert wird.

Der Brauch St. Patrick's Day auch in Amerika öffentlich zu feiern, ging 1737 von Boston aus.

Inzwischen gibt es mehr Amerikaner irischer Abstammung als Iren selbst, daher ist es verständlich, dass dieser Feiertag auch in den USA große Bedeutung hat.

Die Feierlichkeiten beginnen mitunter bereits eine Woche im Voraus. Alles wird traditionell grün geschmückt und mit typischen Symbolen, wie Kleeblatt (SHAMROCK) oder Kobolden (LEPRECHAUN) verziert.

An diesem Feiertag darf alles grün geschmückt sein. Die Euphorie bringt sogar grüne Kekse und Muffins oder grüne **Shamrock shakes** mit Minzegeschmack hervor.

Am 17. März beginnt der Tag mit einem Gottesdienst, später dann finden Straßenumzüge statt und abends wird gemeinsam bei einem guten Essen, Musik und Tanz gefeiert.

An diesem Tag sind alle Menschen angehalten, gleich welcher Nationalität, einmal Irin oder Ire zu sein.

SYMBOLE:

Ein traditionelles Symbol des St. Patrick's Day ist das dreiblättrige Kleeblatt. Einer Legende zufolge soll St. Patrick versucht haben, anhand dieser Pflanze die Trinität zu erklären. Er soll das Kleeblatt benutzt haben, um zu zeigen, wie sich die einzelnen Elemente Vater, Sohn und Heiliger Geist zu einer Einheit zusammenfügen. Seine Anhänger haben dann als Zeichen der Gemeinschaft das Kleeblatt getragen. Bereits im Kleeblatt enthalten, hat auch die Farbe Grün symbolische Bedeutung. Ursprünglich galt diese Frühlingsfarbe als Mittel hilfreiche Elfen und Kobolde anzulocken und dann bessere Ernten einzufahren.
Später als das grüne Kleeblatt längst zum Symbol Irlands geworden war, wurde es nur noch kurz als „das Grün" bezeichnet.
Im 19. Jahrhundert wurde es zum Zeichen der irischen Rebellion gegen die Engländer und in Folge dessen von Queen Victoria unter Todesandrohung verboten.
„Das Grün" wird deshalb auch heute noch am St. Patrick's Day kaum in Irland, sondern vorwiegend in den USA getragen.
Neben der Farbe grün und dem Kleeblatt gibt es noch ein weiteres Symbol, den Leprechaun. Dieser Kobold wacht, der Legende nach, über einen Goldschatz, den es natürlich zu finden gilt. Leprechauns sollen Glück bringen und werden allgemein vergnügt, musizierend oder tanzend dargestellt.

UNTERRICHTSGESTALTUNG:

Das Thema St. Patrick's Day im Englischunterricht bietet sich an, zum Beispiel zusammen mit

- Religion (Feste miteinander feiern)
- Biologie (Kleesamen ziehen/Nutzpflanze Klee), usw.

bilingual und fächerübergreifend zu arbeiten.
Ziel des Unterrichts soll es sein, den Schülerinnen und Schülern einen angelsächsischen Feiertag vorzustellen. Sie sollen erfahren, welche Bedeutung dieser Tag hat, warum er gefeiert wird und wie die Menschen ihn feiern. Das Thema St. Patrick's Day lässt sich, entsprechend angeglichen, im Grundschul- sowie im Hauptschulbereich behandeln.
Motivierend können die Wahl der Medien wirken (Computer/Internet), die entstehenden Unterrichtsprodukte (Collage/grünes Gebäck) und der fächerübergreifende Unterricht.

LEPRECHAUN

A leprechaun is a kind of fairy looking like a tiny little human. The leprechauns are supposed to bring luck. Old Irish stories say that the leprechauns hide a big golden treasure.
The leprechaun is another traditional symbol used for decoration on Saint Patrick's Day. Very often the leprechaun is shown wearing green clothes, with a whistle, playing music or dancing.

GREEN

The color green appears in the three-leafed clover and in the leprechauns' clothes and has symbolic meaning. On Saint Patrick's Day nearly everything is green, people wear green clothes to welcome springtime and to attract the luck bringing fairies. Green cookies and muffins are sold at bakeries and green shamrock milkshakes with mint are offered.

SHAMROCK

On Saint Patrick's Day you can see shamrock decorations all over. The shamrock is a traditional symbol for Saint Patrick's Day. It is supposed to bring luck and it is told that Saint Patrick used this three-leafed clover to illustrate the trinity when Christianity was brought to in Irland.

Liedersammlung

Verzeichnis der Lieder

- Clap your hands
- Fun, fun, fun
- God save the Queen
- Head and shoulders
- I'm walking in the rain
- If you're happy
- I like to eat apples and bananas
- Jungle song
- O Christmas tree
- Old Mac Donald
- One, two, three
- The muffin man
- Sun rise up
- Ten in a bed
- Twinkle, twinkle, little star
- Wake up in the morning
- What's your name?
- Wintertime

Clap your hands

2. Shake your leg to the left,
shake your leg to the right.
Clap your hands …

3. Turn your head to the left,
turn your head to the right.
Clap your hands …

4. Pull your nose to the left,
pull your nose to the right.
Clap your hands …

Fun, fun, fun

2. Jump, jump, jump
at the birthday party.
We are all jumping
at the birthday party.

3. Sing, sing, sing
at the birthday party.
We are all singing
at the birthday party.

4. Snap, snap, snap
at the birthday party.
We are all snapping
at the birthday party.

God save the Queen

Head and shoulders

I am walking in the rain

I am walking in the rain with my umbrella. It's a blue and beautiful umbrella.

2. I am walking in the rain with my umbrella.
   It's a red and beautiful umbrella.

3. ... yellow ...

4. ... green ...

5. We are walking in the rain with our umbrellas.
   Yes, they are all beautiful umbrellas.

If you're happy

Traditionell

1. If you're happy and you know it, clap your hands. If you're happy and you know it, clap your hands. If you're happy and you know it, and you really want to show it, if you're happy and you know it, clap your hands.

2. If you're happy and you know it, stamp your feet.
   If you're happy and you know it, stamp your feet.
   If you're happy and you know it and you really want to show it,
   If you're happy and you know it, stamp your feet.

3. If you're happy and you know it, do it all.
   If you're happy and you know it, do it all.
   If you're happy and you know it and you really want to show it,
   If you're happy and you know it, do it all.

I like to eat apples and bananas

Bearbeitung: H. Blank

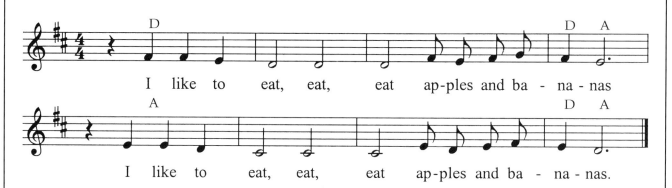

Jungle song

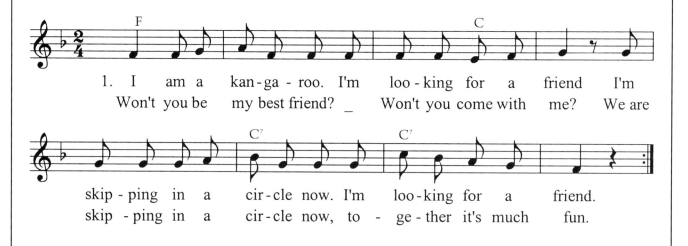

2. I am an elephant. I'm looking for a friend.
   I'm stamping in a circle now. I'm looking for a friend.
   Won't you be my best friend? Won't you come with me?
   We are stamping in a circle now, together it's much fun.

3. I am a crocodile …
   I'm crawling …

4. I am a cockatoo …
   I'm flying …

5. I am a monkey kid …
   I'm jumping …

6. Yeah, yeah, yeah …

O Christmas tree
Traditionell

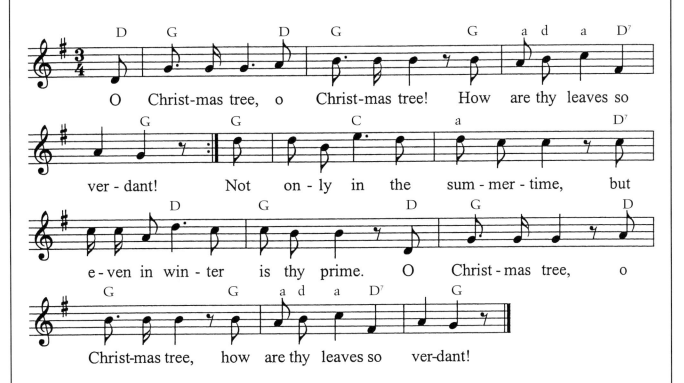

Old MacDonald
Traditionell

One, two, three

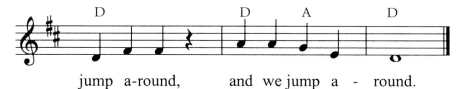

1. One, two, three, come with me. We jump a-round, we jump a-round, and we jump a-round.

2. One, two, three, come with me.
   We walk around, we walk around, and we walk around.

3. … We sit around …

4. … We turn around …

5. … We crawl around …

The muffin man

1. Oh, do you know the muf-fin man, the muf-fin man, the muf-fin man, oh, do you know the muf-fin man, who lives in Dru-ry Lane?
2. Oh yes, I know the muf-fin man, the muf-fin man, the muf-fin man, oh yes, I know the muf-fin man, who lives in Dru-ry Lane.

Sun rise up

Bearbeitung: Hugo Blank

1. Sun rise up in the mor-ning sky. Wake up lit-tle but-ter-fly.

Fly but-ter-fly, but don't fly a-way. Don't be shy to - day!

Einfachere Variante:

1. Sun rise up in the mor-ning sky. Wake up lit-tle but-ter-fly.

Fly but-ter-fly, but don't fly a-way, don't be shy to - day!

2. Sun rise up in the morning sky.
   Wake up little bird and fly.
   Fly little bird, but don't fly away.
   Don't be shy today!

3. Sun rise up in the morning sky.
   Wake up little beetle, fly.
   Fly red beetle, but don't fly away.
   Don't be shy today!

Ten in a bed

1. There were ten in a bed and the lit-tle one said: "Roll o - ver! Roll

o -ver!" So they all rolled o -ver and one fell out.

2.–9. There were nine, eight, seven, six, five, four, three, two in a bed …

10. There was one in a bed and the little one said: „Good night".

Twinkle, twinkle, little star

Traditionell

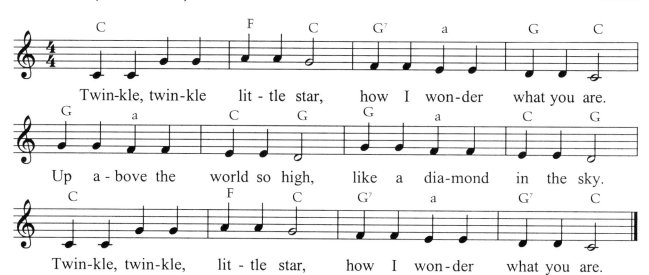

Twin-kle, twin-kle lit-tle star, how I won-der what you are.
Up a-bove the world so high, like a dia-mond in the sky.
Twin-kle, twin-kle, lit-tle star, how I won-der what you are.

Wake up in the morning

1. Wake up in the mor-ning. Jump out of your bed. Let's have break-fast with

Refrain

but-ter and bread. Come on, get up, up, up!

2. Wake up in the morning. Wash your hands and face.
   Don't forget to clean your little teeth.
   Come on, get up, up, up!

3. Wake up in the morning. What a sunny day.
   All the kids are playing outside – hurray!

Liedersammlung

What's your name?

Traditionell

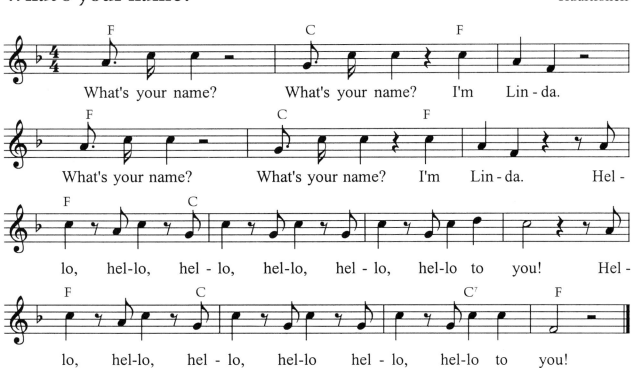

Wintertime

2. Springtime, springtime,
   flowers are growing.
   It's springtime.

3. Summertime, summertime,
   children go swimming,
   It's summertime.

4. Autumn, autumn,
   trees lose their fruit.
   It's autumn.

Quellenverzeichnis

Lieder:

- *Clap your hands:* Bader Gabriele u. a.; Song Song Dingadong. Neue englische Lieder und Spiele für Kinder von 4–10 Jahren. Veritas, Linz 2. Auflage 2000. S. 97
- *Fun, fun, fun:* Bader Gabriele u. a.; Song Song Dingadong. Neue englische Lieder und Spiele für Kinder von 4–10 Jahren. Veritas, Linz 2. Auflage 2000. S. 97
- *Head and Shoulders:* Burtscher Irmgard; Englische Lieder & Spiele. Für Kinder von 4–11 Jahren. Veritas, Linz 5. Auflage 2002. S. 98
- *I am walking in the rain:* Bader Gabriele u. a.; Song Song Dingadong. Neue englische Lieder und Spiele für Kinder von 4–10 Jahren. Veritas, Linz 2. Auflage 2000. S. 99
- *I like to eat apples and bananas:* Burtscher Irmgard; Englische Lieder & Spiele. Für Kinder von 4–11 Jahren. Veritas, Linz 5. Auflage 2002. S. 100
- *One, two, three:* Bader Gabriele u. a.; Song Song Dingadong. Neue englische Lieder und Spiele für Kinder von 4–10 Jahren. Veritas, Linz 2. Auflage 2000. S. 102
- *The muffin man:* Burtscher Irmgard; Englische Lieder & Spiele. Für Kinder von 4–11 Jahren. Veritas, Linz 5. Auflage 2002. S. 102
- *Sun rise up:* Bader Gabriele u. a.; Song Song Dingadong. Neue englische Lieder und Spiele für Kinder von 4–10 Jahren. Veritas, Linz 2. Auflage 2000. S. 103
- *Ten in a bed:* Burtscher Irmgard; Englische Lieder & Spiele. Für Kinder von 4–11 Jahren. Veritas, Linz 5. Auflage 2002. S. 103
- *Wake up in the morning:* Bader Gabriele u. a.; Song Song Dingadong. Neue englische Lieder und Spiele für Kinder von 4–10 Jahren. Veritas, Linz 2. Auflage 2000. S. 104
- *Wintertime:* Bader Gabriele u. a.; Song Song Dingadong. Neue englische Lieder und Spiele für Kinder von 4–10 Jahren. Veritas, Linz 2. Auflage 2000. S. 105

Abwechslungsreich, aktuell und schülernah!

Gudrun Hollstein/Elke Wadlinger
Englisch im Grundschulunterricht Tiere im Zoo
Theoretische Grundlagen, Unterrichtsvorschläge, Materialien
96 S., DIN A4, kart.
Best.-Nr. **8513**

Französisch im Grundschulunterricht Tiere im Zoo
Theoretische Grundlagen, Unterrichtsvorschläge, Materialien
96 S., DIN A4, kart.
Best.-Nr. **8512**

Die Autorinnen zeigen in diesen Büchern, wie die Fremdsprachen Englisch oder Französisch harmonisch in den Unterricht der Grundschule integriert werden können. „Tiere im Zoo" ist ein Themenbereich, der vielfältige Arbeitsmöglichkeiten bietet und Kinder im Grundschulalter begeistert. Die zwei Bände enthalten fächerübergreifende, auf das ganzheitliche Lernen bezogene Unterrichtsvorschläge und Materialien: fremdsprachige Lieder und Gedichte, Auszüge aus fremdsprachigen Bilderbüchern, Spiele, Schatten- und Papiertheater, Aktivitäten im Bereich der bildenden Kunst, Ideen für einen Zoobesuch u. v. m.

Michaela Sambanis
Französisch in der Grundschule – leicht gemacht
Unterrichtsvorschläge und Kopiervorlagen für den Fremdsprachenfrühbeginn ab Klasse 1
128 S., DIN A4, kart. Best.-Nr. **3895**

Französisch lernen Kids bereits spielend leicht ab der ersten Klasse! Neben zahlreichen Kopiervorlagen in Form von Wortkarten und Arbeitsblättern enthalten die Materialien zusätzlich eine Vielzahl von französischen Liedern, Reimen und Spielen. Diese stärken und erhalten die Motivation bei den Kindern.
Ein Großteil der praxiserprobten Unterrichtsmaterialien ist für die Klasse 1 und 2 konzipiert und entsprechend aufbereitet, es finden sich jedoch auch viele Themenvorschläge für die Klassen 3 und 4, sodass genügend Möglichkeiten für Weiterführung und Differenzierung vorhanden sind.

Auer BESTELLCOUPON Auer

Ja, bitte senden Sie mir/uns

Gudrun Hollstein/Elke Wadlinger
Englisch im Grundschulunterricht
____ Expl. **Tiere im Zoo** Best.-Nr. **8513**

Französisch im Grundschulunterricht
____ Expl. **Tiere im Zoo** Best.-Nr. **8512**

____ Expl. Michaela Sambanis
Französisch in der Grundschule – leicht gemacht Best.-Nr. **3895**

mit Rechnung zu.

Rund um die Uhr bequem bestellen unter:
Telefon: 01 80 / 5 34 36 17
Fax: 09 06 / 7 31 78
Online: www.auer-verlag.de

Bitte kopieren und einsenden an:

**Auer Versandbuchhandlung
Postfach 11 52
86601 Donauwörth**

Meine Anschrift lautet:

_____
Name/Vorname

_____
Straße

_____
PLZ/Ort

_____
Datum/Unterschrift

_____
E-Mail

Reihe „Fremdsprachenlernen in der Grundschule"

Ulrich Reyher
Learning English with Tiny and Topsy
3. Schuljahr

Workbook 1
72 S., DIN A4, kart.   Best.-Nr. **3656**

Workbook 2
80 S., DIN A4, kart.   Best.-Nr. **3657**

Handbuch für Lehrerinnen und Lehrer
Ca. 120 S., DIN A4, kart.   Best.-Nr. **3658**

Ulrich Reyher
Parlons français avec Minnie et Minou
3. Schuljahr

Cahier d'exercices 1
72 S., DIN A4, kart.   Best.-Nr. **3659**

Cahier d'exercices 2
80 S., DIN A4, kart.   Best.-Nr. **3660**

Handbuch für Lehrerinnen und Lehrer
Ca. 120 S., DIN A4, kart.   Best.-Nr. **3661**

Zur Reihe:

Die Hefte der Reihe „Fremdsprachenlernen in der Grundschule" bieten Ihnen übersichtlich strukturiertes und leicht einsetzbares Material sowohl für den **Englisch-** als auch für den **Französischunterricht in der Grundschule**.
Die Unterrichtswerke zielen darauf ab, bei den Kindern der dritten und vierten Jahrgangstufe die **Basis für Kommunikation und Konversation** in der jeweiligen Fremdsprache zu schaffen. Dabei werden alle vier klassischen Fertigkeitsbereiche, also Hörverstehen, Lesen, Sprechen und Schreiben von Anfang an systematisch trainiert.
Die Kinder entwickeln Spaß am Umgang mit der Fremdsprache; gleichzeitig findet ein nachweisbarer Lernzuwachs und somit eine konkrete Vorbereitung auf den Fremdsprachenunterricht in der Sekundarstufe statt.

Die Arbeitshefte

Im Mittelpunkt steht die Konversation: Jedes Kapitel orientiert sich an einer Leitfrage oder einem Leitsatz; die Kinder lernen einfache kleine Dialoge. Zwei Freunde, eine Katze und eine kleine Maus, begleiten durch das ganze Werk.

Die Handbücher für Lehrerinnen und Lehrer

Die Lehrkraft findet hier zum einen didaktische Hinweise zur Arbeit mit dem Unterrichtswerk, zum anderen Vorlagen für Dialog-, Aktivitäts- und Piktogrammkarten für den Einsatz im Unterricht sowie viele Lieder mit Noten und Text.

Auer BESTELLCOUPON Auer

Ja, bitte senden Sie mir/uns

Ulrich Reyher
Learning English with Tiny and Topsy
___ Expl. **Workbook 1**   Best.-Nr. **3656**
___ Expl. **Workbook 2**   Best.-Nr. **3657**
___ Expl. **Handbuch für Lehrerinnen und Lehrer**
    Best.-Nr. **3658**

Ulrich Reyher
Parlons français avec Minnie et Minou
___ Expl. **Cahier d'exercices 1**   Best.-Nr. **3659**
___ Expl. **Cahier d'exercices 2**   Best.-Nr. **3660**
___ Expl. **Handbuch für Lehrerinnen und Lehrer**
    Best.-Nr. **3661**

mit Rechnung zu.

Rund um die Uhr bequem bestellen!
Telefon: 01 80/5 34 36 17
Fax: 09 06/7 31 78
E-Mail: info@auer-verlag.de

Bitte kopieren und einsenden an:

Auer Versandbuchhandlung
Postfach 11 52
86601 Donauwörth

Meine Anschrift lautet:

_____
Name/Vorname

_____
Straße

_____
PLZ/Ort

_____
Datum/Unterschrift

_____
E-Mail

Praxiserprobt und kreativ: Materialien von Auer!